Oraciones vespertinas

Oraciones vespertinas

para cada día del año

Christoph Friedrich Blumhardt

Traducción de Raúl Serradell

Plough

Publicado por
Plough Publishing House
Walden, Nueva York, Estados Unidos
Robertsbridge, East Sussex, Reino Unido
Elsmore, Nueva Gales del Sur, Australia
www.plough.com

Título de la edición original en alemán:
Abendgebete für alle Tage des Jahres, Berlín, Furche Verlag, 1926.

Título de la traducción y quinta edición en inglés:
Evening Prayers: For Every Day of the Year, Walden, NY, Plough Publishing House, 2014.

La mayoría de las citas bíblicas se han tomado de la Santa Biblia, *Nueva Versión Internacional.* © Biblica, Inc., 1999, 2015. Las que se indican DHH pertenecen a la Versión Popular *Dios habla hoy*; las que aparecen como LBLA se han tomado de *La Biblia de las Américas*; las BJ corresponden a la *Biblia de Jerusalén*; y las TLA son de la *Traducción en lenguaje actual.* Reservados todos los derechos.

Traducción de Carlos González, Coretta Thomson y Raúl Serradell.
Corrección y edición de Raúl Serradell.

Ilustraciones de Emily K. Barth © Plough Publishing House, 2025
Fotografía de la cubierta: © Corbis Images

Primera edición en alemán: 1926
Primera edición en español: 2025

ISBN: 978-1-63608-147-2

Un registro de este libro está disponible en el catálogo de la Biblioteca Británica.
Datos de catalogación de la publicación en la Biblioteca del Congreso:

Library of Congress Cataloging-in-Publication Data

Names: Blumhardt, Johann Christoph, 1805-1880, author. | Serradell, Raúl,
    translator.
Title: Oraciones vespertinas : para cada día del año / Christoph
    Friedrich Blumhardt ; traducción de Raúl Serradell.
Other titles: Abendgebete für alle Tage des Jahres. Spanish
Description: Walden, Nueva York, Estados Unidos : Plough Publishing House,
    2025. | Translation of: Abendgebete für alle Tage des Jahres. |
    Summary: "A devotional collection of prayers for every evening of the
    year, with accompanying Bible verses"-- Provided by publisher.
Identifiers: LCCN 2024031619 (print) | LCCN 2024031620 (ebook) | ISBN
    9781636081472 (paperback) | ISBN 9781636081519 (adobe pdf)
Subjects: LCSH: Prayer--Christianity. | Bible--Devotional use. | Devotional
    calendars. | Prayers. lcgft | Devotional literature. lcgft
Classification: LCC BV245 .B57818 2025 (print) | LCC BV245 (ebook) | DDC
    242/.8--dc23/eng/20241231
LC record available at https://lccn.loc.gov/2024031619
LC ebook record available at https://lccn.loc.gov/2024031620

＊　＊　＊

Tú escuchas nuestra oración...por eso acudimos a ti.

SALMO 65:2 TLA

Al lector

¿Qué tienen estas oraciones vespertinas que todavía hacen que miles de personas en todo el mundo acudan a ellas diariamente, después de un siglo de que fueran pronunciadas? Su rara sencillez y autoridad fluyen de la extraordinaria vida de su autor, Christoph Friedrich Blumhardt, un pastor y teólogo que influyó en Dietrich Bonhoeffer, Paul Tillich y Karl Barth. Barth escribió lo siguiente sobre la actitud de Blumhardt hacia la oración: «Nuestra causa, nuestra esperanza, se promueven mejor con oraciones que con tratados.... Si queremos crecer sanos y fuertes, tenemos que comenzar por el principio y volvernos como niños. Aquí es donde Blumhardt puede ser de gran ayuda para la gente en cualquier lugar».

Este moderno clásico espiritual, traducido de la nueva edición revisada en inglés, ahora se presenta con una introducción de Eugen Jäckh, un amigo de Blumhardt y editor de sus obras completas en alemán.

✦ ✦ ✦

Concebido originalmente solo para algunos de los amigos cercanos de Blumhardt, este libro fue compilado después de su muerte en 1919. Las oraciones provienen de los devocionales vespertinos que Blumhardt realizaba en Bad Boll, en Alemania, y que se pronunciaron sin ninguna intención de publicarse. El hecho de que hayan surgido de la vida real en esta forma les ha ganado el aprecio de muchos que las han usado desde entonces. El estilo de las oraciones se ha cambiado lo menos posible a fin de mantener la calidad de la palabra hablada y su sencillez esencial. Los que conocieron a Blumhardt quedaron profundamente impresionados por la calidad pastoral, incluso sacerdotal, de su personalidad. Su preocupación se expresaba no solamente por aquellos que lo conocían o que buscaban su ayuda, sino por todo el mundo. Oraba «sin cesar», pero no con abundancia de palabras. Se presentaba ante Dios, consciente de la gente y sus necesidades, y responsable por ellos. Las preocupaciones de la gente eran importantes para él, porque las consideraba preocupaciones de Dios.

Cuando oraba, era característico que las primeras tres peticiones de la oración de Jesús siempre salían involuntariamente de sus labios. Vivía en ellas y subordinaba a ellas todo lo demás. «Todo lo que pedimos y anhelamos, todas nuestras preocupaciones hasta la más pequeña, las ponemos en tus manos en una gran petición: que tu nombre sea glorificado en la tierra como en el cielo».

Las oraciones breves pero sustanciales de Blumhardt incluían todo lo que queremos poner delante de Dios, aunque nunca se perdía en detalles ni trivialidades. Todo su ser, y por consiguiente también su oración, estaba gobernado totalmente por las palabras de Jesús: «busquen primeramente el reino de Dios y su justicia, y todas estas cosas les serán añadidas» (Mateo 6:33).

Debido a esto, rara vez lo escuchamos pedir por esas otras cosas. Las oraciones de Blumhardt inspiran a la paz de una manera notable, desprovista de cualquier emocionalismo exagerado. Esta paz proviene de la inquebrantable convicción de Blumhardt, de que el reino de Dios se ha acercado, a pesar de los tiempos tormentosos y cambiantes. Así que da gracias «por dar a nuestros corazones esperanza por su reino, el reino de Dios. Te agradecemos que una y otra vez podamos sacar fuerzas de esta esperanza, encontrar nueva vitalidad y valor, y descubrir cuán poderosa, aunque imperceptiblemente, está llegando ya tu reino».

Pero, así como su corazón se estremece en su interior, igual que los corazones de todos aquellos que están esperando la llegada del reino de Dios, él pide: «por la quietud que necesitamos para presentarnos delante de Dios y olvidarnos de todas las cosas que pueden afligirnos, a fin de que Dios pueda hablarnos».

Al igual que casi todas las cartas de Pablo comienzan con acción de gracias, también las oraciones de Blumhardt siempre están llenas de alabanza y agradecimiento. Porque no hay nada que pueda iluminar nuestros corazones como dar gracias. Pues al agradecer tenemos una actitud positiva, y ante la gratitud desaparece todo lo negativo y adverso.

La acción de gracias en Blumhardt no se pierde en detalles ni superficialidades, sino se dirige completamente hacia lo más íntimo y central que Dios nos ha dado: el ser sus hijos. Por ello Blumhardt nunca se cansa de expresar la sencilla y genuina gratitud de que Dios sea nuestro padre y que nosotros podamos ser sus hijos.

«Y si somos hijos, somos herederos; herederos de Dios y coherederos con Cristo, pues si ahora sufrimos con él, también tendremos parte con él en su gloria» (Romanos 8:17). Las oraciones de Blumhardt brotan de este sentimiento por el sufrimiento del mundo entero. Pero no hay gemidos en ellas, son fuertes, alegres y seguras de la victoria, en el conocimiento de la promesa de Dios que hemos recibido. Básicamente, todas apuntan hacia la misma dirección, a la oración de que el reino de Dios vendrá, que el Salvador vendrá. Si oramos, todo pecado y necesidad solo puede fortalecer nuestra fe en la certeza de la promesa de Dios, en que él completará su obra y pondrá fin a toda aflicción.

Eugen Jäckh

Enero

I

Enero

Ustedes deben orar así: «Padre nuestro que estás en el cielo, santificado sea tu nombre, venga tu reino, hágase tu voluntad en la tierra como en el cielo».

MATEO 6:9–10

Padre nuestro que estás en el cielo, santificado sea tu nombre, venga tu reino y hágase tu voluntad en la tierra como en el cielo. Que esta continúe siendo nuestra oración en el año nuevo, y que tengamos comunión unos con otros en lo que es santo y eterno. Bendícenos en nuestro camino. Bendícenos en nuestro peregrinaje terrenal, para que permanezcamos libres de toda atadura, para poder agradecerte día y noche por todo el bien que tú haces, aun cuando las cosas se vean muy oscuras. Alabamos tu nombre y oramos como el Salvador nos ha enseñado. Amén.

Enero

Por esta razón me arrodillo delante del Padre, de quien recibe nombre toda familia en el cielo y en la tierra. Le pido que, por medio del Espíritu y con el poder que procede de sus gloriosas riquezas, los fortalezca a ustedes en lo íntimo de su ser, para que por fe Cristo habite en sus corazones. EFESIOS 3:14–17A

Señor nuestro Dios, nos hemos reunido en tu presencia. Te agradecemos que por medio de tus palabras nos hayas dado algo de ti mismo que nos ayuda a ser tus discípulos, tus hijos, para permanecer firmes en fe y confianza a lo largo de nuestra vida, cualquiera sea nuestra suerte. Ayúdanos en estos tiempos, y cuando lleguen los días de dificultades y llenos de dolor, guarda a tu pueblo con la protección de tu mano. Ayúdanos a estar firmemente arraigados en la fe, aunque haya oscuridad en la tierra. Tú nos puedes dar fortaleza y valor, pues nada podemos hacer con nuestra fuerza humana. Solo el poder de tu Espíritu puede renovarnos, alertarnos y llenarnos de alegría perdurable. Porque nosotros somos tu pueblo, tus hijos, y cuando tu mano nos sostiene, podemos regocijarnos a pesar de cualquier aflicción. Amén.

3

Enero

He aquí lo que el Señor ha proclamado hasta los confines de la tierra: «Digan a la hija de Sión: "¡Ahí viene tu Salvador! Trae su premio consigo; su recompensa lo acompaña"». ISAÍAS 62:11

Señor nuestro Dios, te damos gracias que podemos ir delante de ti con el corazón dispuesto, con una fe llena de júbilo, y esta alegre proclamación: «¡Ya viene la salvación de Dios! Por medio de Jesucristo amanecerá un día en la tierra para todas las naciones». Señor, quédate con nosotros y ayúdanos. Envíanos tu Espíritu para fortalecernos, especialmente en tiempos de aflicción. Haz que todas las naciones vengan delante de ti. Que podamos proclamar a todos los pueblos: «Anímense, porque ya viene la salvación de nuestro Dios, que también es su Dios. En esta salvación nos gozaremos juntos por siempre para gloria de nuestro Dios». Amén.

4
Enero

Me dijo: «Israel, tú eres mi siervo; en ti seré glorificado».
Y respondí: «En vano he trabajado; he gastado mis
fuerzas sin provecho alguno. Pero mi justicia está en
manos del Señor; mi recompensa está con mi Dios».

ISAÍAS 49:3−4

Señor nuestro Dios, te damos gracias por la ayuda
que nos has dado una y otra vez para permanecer
delante de ti, regocijándonos en la certeza de la fe.
Te damos gracias por guiar y dirigir nuestras vidas y
permitirnos vislumbrar el destino futuro, un destino
que será revelado a todos los pueblos. Acompáñanos
en momentos de silencio cuando parece que estamos
solos. Guárdanos firmes y fuertes durante la tentación
y todo el alboroto de la vida. Ayúdanos a permanecer
inconmovibles, pues caminas con nosotros, nos
sostienes de tu mano, y puedes elevarnos por encima de
todo lo que no perdura. Amén.

5

Enero

El pueblo que habitaba en la oscuridad ha visto una gran luz; sobre los que vivían en densas tinieblas la luz ha resplandecido.   MATEO 4:16

Amado Padre que estás en el cielo, acércate a nosotros cuando te buscamos en el silencio de nuestros corazones. Concédenos la fuerza de tu Espíritu, la fuerza para esperar pacientemente por tu ayuda en nuestras vidas. Ayúdanos a aferrarnos a todo lo que es bueno. Ayúdanos a sentir, a cada uno de nosotros, que somos tus hijos, y que podemos regocijarnos en tu cuidado paternal. Que se haga tu voluntad cada vez más plenamente en nosotros y a nuestro alrededor. Que se cumpla tu voluntad para que tengamos una mayor libertad y que tu luz pueda alumbrar donde todavía existe oscuridad. Amén.

6

Enero

Después de que Jesús nació en Belén de Judea en tiempos del rey Herodes, llegaron a Jerusalén unos sabios procedentes del Oriente. «¿Dónde está el que ha nacido rey de los judíos?», preguntaron. «Vimos levantarse su estrella y hemos venido a adorarlo». MATEO 2:1-2

Señor nuestro Dios, te damos gracias porque has venido a esta tierra. Permite que se encienda una luz una y otra vez entre aquellos que escuchen tu evangelio, también entre los de corazón sincero, sean cristianos o no. Que lleguen a conocer tu luz y reciban salvación en Jesucristo. Que tu luz nos alumbre y te manifiestes a nosotros con mayor claridad. Acuérdate de todos los que te invocan, acuérdate de tu pueblo. Que tu pueblo se reúna y se convierta en una luz en tu nombre, sirviéndote dondequiera que vaya. Amén.

7

Enero

¡Levántate y resplandece, que tu luz ha llegado! ¡La gloria del Señor brilla sobre ti! Mira, las tinieblas cubren la tierra, y una densa oscuridad se cierne sobre los pueblos. Pero la aurora del Señor brillará sobre ti; ¡sobre ti se manifestará su gloria! Las naciones serán guiadas por tu luz, y los reyes, por tu amanecer esplendoroso.

ISAÍAS 60:1-3

Amado Padre que estás en el cielo, acéptanos como tus hijos, cuyas vidas están bajo tu protección y quienes acuden a ti para recibir fortaleza. Confírmanos la certeza de tu amor y bondad en medio de todas las luchas y tentaciones en este mundo. Concédenos colaborar para que tu nombre sea honrado en la tierra y tu salvación se extienda en todo el mundo. Que la esperanza que nos has dado nos sirva para llevar luz y fortaleza a nuestras vidas y las de todos los que amas en Jesucristo. Amén.

Enero

Entonces los apóstoles le dijeron al Señor: «¡Aumenta nuestra fe!». «Si ustedes tuvieran una fe tan pequeña como un grano de mostaza» les respondió el Señor, podrían decirle a este árbol: "Desarráigate y plántate en el mar", y les obedecería».   LUCAS 17:5–6

Padre que estás en el cielo, te damos gracias por las muchas maneras en que nos fortaleces y revelas tu vida a nosotros. Te agradecemos por toda tu protección, también por proteger nuestra fe y esperanza. Concede que tu Espíritu inunde cada vez más nuestra vida, capacitándonos para ser tus testigos en este mundo malvado e infeliz. Que tu Espíritu nos dé esperanza en esta vida y en la vida por venir. Amén.

9

Enero

¡Pero gracias a Dios, que nos da la victoria por medio de nuestro Señor Jesucristo! Por lo tanto, mis queridos hermanos, manténganse firmes e inconmovibles, progresando siempre en la obra del Señor, conscientes de que su trabajo en el Señor no es en vano.

1 CORINTIOS 15:57-58

Señor nuestro Dios, te damos gracias por permitirnos vivir en tu amor. Te agradecemos por tu promesa de que todo sufrimiento en la tierra llegará a su fin. Escúchanos cuando acudimos a ti con todo lo que tenemos en el corazón. Nosotros somos débiles, pero tú eres fuerte. Nuestra esperanza y confianza están en tu fortaleza. Que nuestra vida, con todas sus preocupaciones cotidianas, permanezca en tus manos hasta el día en que tú actuarás con poder y el mundo entero conocerá del perdón de pecados, te alabará y te dará gracias eternamente. Amén.

Enero

«¡Consuelen, consuelen a mi pueblo!», dice su Dios. «Hablen con cariño a Jerusalén, y anúncienle que ya ha cumplido su tiempo de servicio, que ya ha pagado por su iniquidad, que ya ha recibido de la mano del Señor el doble por todos sus pecados». ISAÍAS 40:1–2

Señor nuestro Dios, ¡qué inmenso es tu amor y cuán enorme tu ayuda! Que cada uno de nosotros se sienta protegido en tu mano, sabiendo que nuestras faltas y defectos ya no importan. Podemos avanzar directamente hacia la meta que has establecido, porque nos ayudarás mediante el perdón de pecados y por medio de todo lo bueno que pones en nuestros corazones. Por eso te pedimos que estés con nosotros, para que seamos fieles, creyendo firmemente en tu gran misericordia, para que tu nombre sea glorificado entre nosotros. Que cada corazón reciba el consuelo de saber que todo obra para bien, para la gloria de tu nombre. Amén.

II

Enero

El Señor es mi luz y mi salvación; ¿a quién temeré?
El Señor es el baluarte de mi vida; ¿quién podrá
amedrentarme?
SALMO 27:1

Amado Padre nuestro, te pedimos venir desde el cielo
hasta nosotros y rodearnos de tu bondad y misericordia
con tu luz y vida. Nosotros somos débiles, pobres y
perdidos, justo cuando necesitamos estar firmes y
soportar. Pero tú eres fiel, tú permaneces con nosotros
y nos ayudas. Oramos para que nos sigas ayudando y
sosteniendo. No permitas que vivamos en vano nuestras
vidas. Que algo de la eternidad esté con nosotros en
todo lo que enfrentamos en la vida, para que una y otra
vez tengamos el valor para comenzar de nuevo. Amén.

Enero

Encomienda al Señor tus afanes, y él te sostendrá; no permitirá que el justo caiga y quede abatido para siempre.

SALMO 55:22

Amado Padre que estás en el cielo, tú nos permites ver y sentir tu gran bondad hacia nosotros. Concédenos la ayuda interior para ser vencedores en el Salvador, alegrarnos de estar a su lado con fe y lealtad, y con la fortaleza del alma que nos libera de todas las cargas al ponerlas en tus manos. Escúchanos cuando juntos oramos a ti. Todo lo que pedimos y anhelamos, todas nuestras preocupaciones hasta la más pequeña, las ponemos en tus manos en una gran petición: que tu nombre sea glorificado en la tierra como en el cielo. Amén.

13

Enero

Manténganse alerta; permanezcan firmes en la fe; sean valientes y fuertes. Hagan todo con amor.

1 CORINTIOS 16:13–14

Amado Padre que estás en el cielo, danos corazones sinceros y sencillos para entender todo de la manera correcta. Concédenos un trabajo que produzca fruto a pesar de nuestras fallas y debilidades, porque queremos trabajar con el entendimiento que proviene del amor. Padre que estás en el cielo, tú sabes que día y noche enfrentamos muchas dificultades y contrariedades. Pero tú nos ves y nos ayudarás, para que tu nombre sea honrado, venga tu reino y se cumpla tu voluntad en la tierra como en el cielo. Amén.

14

Enero

Es cierto que fue crucificado en debilidad, pero ahora vive por el poder de Dios. De igual manera, nosotros participamos de su debilidad, pero por el poder de Dios viviremos con Cristo para ustedes.

2 CORINTIOS 13:4

Señor nuestro Dios, venimos ante tu presencia y nos arrodillamos delante de tu trono, te pedimos de todo corazón por tu Espíritu, para que nuestras vidas sean guiadas y gobernadas por ti, el único Dios y creador de toda vida. Haz que tu Palabra llegue a nuestros corazones. Danos tu bendición en todo lo que experimentemos en la vida y en todo lo que te pedimos cuando estamos ante ti. Somos débiles y necesitados. Nada podemos lograr, y nuestros corazones están cansados. Pero tú puedes fortalecernos, tú puedes hacer que todo salga bien para revelar tu reino en todo el mundo. Entonces toda la gente de nuestra época llegará a conocer que tu voluntad para la tierra no es de angustia y sufrimiento, sino de bondad, vida y eternidad. Amén.

Así mismo, en nuestra debilidad el Espíritu acude a ayudarnos. No sabemos qué pedir, pero el Espíritu mismo intercede por nosotros con gemidos que no pueden expresarse con palabras. ROMANOS 8:26

Señor Dios, te suplicamos que envíes tu Espíritu sobre nosotros y sobre el mundo entero. Que tu luz alumbre sobre la tierra en toda la humanidad. Revela tu poder y da comienzo a tu reinado. Que se haga tu voluntad, oh Señor. Nos arrodillamos delante de tu trono para suplicarte. Señor, somos débiles, ayúdanos; bendícenos. Establece tu reino en los corazones de quienes están dispuestos a seguirte, que están dispuestos a aceptar tu gracia en Jesucristo. Ayúdanos por medio de tu fortaleza. Reina sobre nosotros. Quédate entre nosotros con tu Santo Espíritu, oh Señor Dios y Padre nuestro. Amén.

16

Enero

Te exaltaré, mi Dios y rey; por siempre bendeciré tu nombre. Todos los días te bendeciré; por siempre alabaré tu nombre. SALMO 145:1–2

Amado Padre que estás en el cielo, venimos ante ti para darte gracias de todo corazón. Tú sabes todo por lo que estamos agradecidos. Oramos para que continúes sosteniéndonos y nos des la fortaleza para los senderos en donde tú nos guías. Aunque tengamos que sufrir y luchar largas y duras batallas, sabemos que todo tiene un buen propósito y nos llevará hacia tu destino. Por todo esto, te alabamos y te damos gracias. Protege nuestra mente, corazón y espíritu. Consérvanos valientes y levántanos de todo desaliento por medio de tu Espíritu, quien renovará nuestras vidas eternamente. Amén.

17

Enero

El Señor es mi pastor, nada me falta; en verdes pastos me hace descansar. Junto a tranquilas aguas me conduce; me infunde nuevas fuerzas. Me guía por sendas de justicia por amor a su nombre. SALMO 23:1–3

Amado Padre que estás en el cielo, te damos gracias que nunca debemos sentirnos abandonados. Te agradecemos porque nos guías y conduces con tu diestra. Te damos gracias por todo lo que hemos recibido de ti, tu cuidado por nuestros cuerpos, por nuestras necesidades materiales y por nuestra vida interior. ¡Te alabamos, oh Dios! Oramos para que sigas guiándonos. Continúa obrando entre nosotros, para que todos podamos ver y comprender que el buen pastor nos está guiando. Amén.

Enero

Hermanos míos, ustedes deben tenerse por muy dichosos cuando se vean sometidos a pruebas de toda clase.... Dichoso el hombre que soporta la prueba con fortaleza, porque al salir aprobado recibirá como premio la vida, que es la corona que Dios ha prometido a los que lo aman.

SANTIAGO 1:2, 12 DHH

Señor nuestro Dios, vive con nosotros. Tócanos con tu Espíritu, para que nuestros corazones reciban algo de ti. Permítenos tener gozo, incluso en esta vida de lucha y tentación; encontrar alegría en todas las necesidades que confrontamos, incluso en la agonía de la muerte. Protégenos por medio de tu Palabra, que siempre sea luz para nosotros, para que podamos seguirte y hacer tu voluntad. Acompáñanos en todos nuestros caminos. Guía todo con tu mano, hasta que se alcance el destino para toda la humanidad y podamos regocijarnos por encima de todas las pruebas y dificultades, porque al final recibiremos el premio glorioso. Amén.

19

Enero

Pero tú eres nuestro Padre, aunque Abraham no nos conozca ni nos reconozca Israel; tú, Señor, eres nuestro Padre; ¡tu nombre ha sido siempre «nuestro redentor»!

ISAÍAS 63:16

Señor Dios, te agradecemos que al mirar el pasado, a través de las edades, vemos que tus siervos elevaron su voz para dar testimonio de que eres nuestro Padre y que conduces a las naciones a su destino verdadero. Y aunque tome largo tiempo, te damos gracias por permitirnos ser parte de este testimonio. Te agradecemos por tanto amor y bondad, que todavía alumbran en nuestro tiempo como una luz para las naciones. Vela por nosotros. Que tu Espíritu crezca más y más fuerte dentro de nosotros. Trae la redención proclamada por tus siervos, y haz que tu luz alumbre sobre todo el mundo para honra de tu nombre. Amén.

Enero

Así que no temas, porque yo estoy contigo; no te angusties, porque yo soy tu Dios. Te fortaleceré y te ayudaré; te sostendré con mi diestra victoriosa. ISAÍAS 41:10

Amado Padre que estás en el cielo, te damos gracias que eres nuestro Padre y que estás con nosotros. Te agradecemos por saber que eres tú quien nos está guiando con tu diestra. Danos tu Espíritu de entendimiento, para que siempre podamos percibir tu fuerte y poderosa presencia que nos guía en todos nuestros caminos. Ayúdanos en las áreas donde fallamos. Ayúdanos, porque somos débiles y a menudo estamos en situaciones donde no podemos ayudarnos a nosotros mismos. Pero tú eres fuerte, tú das luz a nuestros corazones. Por medio del Salvador, Jesucristo, podemos dirigir nuestras vidas con alegría, júbilo y paciencia, hacia el gran destino preparado para nosotros tus hijos y para el mundo entero. Amén.

Enero

En mi angustia invoqué al Señor; clamé a mi Dios, y él me escuchó desde su templo; ¡mi clamor llegó a sus oídos!

SALMO 18:6

Amado Padre que estás en el cielo, nos regocijamos en que seas nuestro Padre. Nos regocijamos porque gobiernas y guías a cada uno de nosotros de modo que nuestro camino de vida nos lleve a lo que es bueno y genuino, para no atascarnos con cualquier preocupación. Guíanos, renuévanos, y libéranos una y otra vez para seguir adelante, encontrando nuevo valor y alegría para nosotros y nuestro prójimo. Entonces podremos adorarte, y tu fortaleza y poder se nos podrán revelar, tu cielo descenderá a la tierra y se cumplirá tu voluntad. Tu ayuda llegará a los pobres, débiles, humildes, enfermos y los que sufren aquí en el mundo. ¡Que tu nombre sea alabado! Nos regocijamos en tu nombre. Amén.

Enero

Vengan a mí todos ustedes que están cansados y agobiados, y yo les daré descanso. MATEO 11:28

Amado Padre que estás en el cielo, concédenos la paz interior que necesitamos para venir ante tu presencia y escuchar tu voz, olvidando todas las cosas que tratan de imponerse sobre nosotros. Que podamos experimentar tu apoyo vivo y verdadero. Llena nuestros corazones de contentamiento y gratitud por todo, incluso en el dolor, la angustia y el sufrimiento. En este agradecimiento podemos permanecer contigo, y Jesucristo puede ayudarnos, Jesús, a quien nos has dado como nuestro apoyo y auxilio en todos nuestros problemas y preocupaciones. Nos encomendamos a ti. Guárdanos en tu Espíritu. Amén.

Enero

El Señor ha establecido su trono en el cielo; su reinado domina sobre todos.... Alaben al Señor, todas sus obras en todos los ámbitos de su dominio. ¡Alaba, alma mía, al Señor!
SALMO 103:19, 22

Amado Padre que estás en el cielo, te damos gracias por dar a nuestros corazones esperanza de tu reino, el reino de Dios. Te agradecemos que una y otra vez podamos sacar fuerzas de esta esperanza, encontrar nueva vitalidad y valor, y descubrir cuán poderosa, aunque imperceptiblemente, está llegando ya tu reino. Protege esta visión y ayúdanos cuando fallemos. Todo va a salir bien. Pase lo que pase, estamos en tus manos y nadie podrá arrebatar esta alegría de nuestros corazones. Amén.

24
Enero

Desde ningún lugar de esta tierra tenebrosa les he hablado en secreto. Ni he dicho a los descendientes de Jacob: «Búsquenme en el vacío». Yo, el Señor, digo lo que es justo, y declaro lo que es recto. ISAÍAS 45:19

Señor nuestro Dios, te damos gracias por darnos tu amor, por permitir que nos acerquemos a lo que es justo y bueno. Que tu Espíritu lo inunde todo, venciendo lo que es falso y ayudando a la gente en todas partes a comprender la verdadera naturaleza de tu justicia. Guárdanos en todos nuestros caminos. Protégenos cuando nuestros cuerpos y nuestra vida estén agotados por enfermedad o angustia de cualquier tipo. Concédenos tu ayuda conforme a tu verdad y justicia. Amén.

Enero

Ustedes son la luz del mundo. Una ciudad en lo alto de una colina no puede esconderse. Ni se enciende una lámpara para cubrirla con un cajón. Por el contrario, se pone en la repisa para que alumbre a todos los que están en la casa. Hagan brillar su luz delante de todos, para que ellos puedan ver las buenas obras de ustedes y alaben al Padre que está en el cielo. MATEO 5:14-16

Señor nuestro Dios, oh Dios de justicia y rectitud, haz que resplandezca tu luz. Acompáñanos en nuestro camino. Ilumina por medio de tu Palabra y tu Espíritu nuestros ojos y corazones. Permanece siempre con nosotros a través de las luchas y tentaciones, iluminando nuestro camino hacia lo que es recto y bueno. Protégenos y bendícenos. Cambia nuestros corazones desde lo más profundo, para agradecerte por todo lo que has hecho por nosotros, para adorarte y glorificarte. Amén.

Enero

El Señor está cerca de quienes lo invocan, de quienes lo invocan en verdad. Cumple los deseos de quienes le temen; atiende a su clamor y los salva.

SALMO 145:18−19

Amado Padre que estás en el cielo, Dios todopoderoso, tus hijos te claman en oración. Tómanos siempre de la mano. Manifiesta que nos escuchas, que estás entre nosotros proveyéndonos lo mejor, para la gloria de tu nombre. En esta hora permítenos experimentar algo de ti, Padre bueno y misericordioso. Que siempre estemos contentos y agradecidos por todo lo que hemos recibido de ti, y por todo lo que todavía vamos a recibir en nuestras vidas. Amén.

Enero

*Esto es lo que pido en oración: que el amor de ustedes
abunde cada vez más en conocimiento y en buen juicio,
para que disciernan lo que es mejor, y sean puros e
irreprochables para el día de Cristo, llenos del fruto de
justicia que se produce por medio de Jesucristo, para
gloria y alabanza de Dios.* FILIPENSES 1:9–11

Señor nuestro Dios, te damos gracias por llenar de
inmensa confianza nuestros corazones. Te agradecemos
por todo lo que recibimos en nuestras vidas, y sobre todo
que podemos llegar a conocer a Jesucristo. Agradecemos
una y otra vez por poder recibir fortaleza y vida de su
vida. Alabado sea tu nombre, porque nuestra vida tiene
un destino y podemos encontrar certeza y fortaleza
durante nuestro tiempo en este mundo. Tú revelarás lo
que esperamos, e incluso ahora nos permites conservar
algo de este destino ante nuestra vista. Te alabamos para
que tu nombre llegue a ser grande en nuestro medio
y que una y otra vez fluya la nueva vida en nosotros,
que somos débiles y necesitados. Que tu nombre sea
alabado por establecer este destino para nosotros, a fin
de fortalecernos. Amén.

28

Enero

El Señor dice: «Yo te instruiré, yo te mostraré el camino que debes seguir; yo te daré consejos y velaré por ti».

Señor nuestro Dios, venimos ante tu presencia y pedimos que nos ayudes. Ayúdanos en cada área de nuestras vidas, incluso en las que no entendemos. Permanece en nosotros con tu Espíritu. Guíanos y dirígenos con tu mano. Que tu voluntad se haga en todas las cosas, incluso si debemos soportar sufrimiento. Tu voluntad es solo para el bien y tú establecerás todo bien. Ayúdanos, bendícenos por medio de tu Palabra, por medio de todo lo que se nos permite saber de ti, Dios y Padre nuestro. Amén.

29

Enero

Escucha, Israel: El Señor nuestro Dios es el único Señor. Ama al Señor tu Dios con todo tu corazón y con toda tu alma y con todas tus fuerzas. Grábate en el corazón estas palabras que hoy te mando. DEUTERONOMIO 6:4–6

Señor nuestro Dios, te damos gracias que todos los días, ya sean días que a nosotros nos parezcan buenos o malos, sabemos que tu voluntad guía nuestras vidas: es lo que tú haces y lo que tú quieres; por ello te damos gracias. Queremos amarte por encima de todo lo que hay en el mundo. Nuestros corazones te anhelan, porque eres nuestro Padre. Queremos amarte y honrarte con toda nuestra vida. Señor nuestro Dios, trae tu orden al mundo. Ayúdanos a hacer tu voluntad en todo momento y a cumplir tus mandamientos. Amén.

Enero

Vuelvan a mí y sean salvos, todos los confines de la tierra, porque yo soy Dios, y no hay ningún otro. He jurado por mí mismo, con integridad he pronunciado una palabra irrevocable: Ante mí se doblará toda rodilla, y por mí jurará toda lengua. ISAÍAS 45:22–23

Señor Dios, nos postramos ante ti para adorarte, por tus obras poderosas en el cielo y en la tierra, y permitirnos ser tus hijos y tus siervos. Has hecho grandes proezas a muchos pueblos, permitiendo que te sirvan, y harás aún más. Porque has prometido que todos nuestros caminos serán hechos rectos. Has prometido que todo lo que hacemos sea para tu servicio por medio de Jesucristo, salvador del mundo, a quien nosotros seguimos. Él será revelado al mundo entero, entonces las naciones serán convocadas para servirte y tu voluntad se cumplirá en la tierra como en el cielo. ¡Alabado sea tu nombre, Señor nuestro Dios! Te abrimos nuestro corazón. Vivos o muertos somos tuyos. Amén.

31

Enero

Por amor a Sión no guardaré silencio, por amor a Jerusalén no desmayaré, hasta que su justicia resplandezca como la aurora, y como antorcha encendida su salvación.

ISAÍAS 62:1

Señor nuestro Dios, te alabamos, por venir a nuestro encuentro en todas partes, y por revelar tu gloria en nuestro mundo. Que seamos dignos de ti, personas que puedan representarte con todo nuestro ser. Danos la fortaleza para soportar, incluso en medio de luchas y tentaciones. Ten misericordia de nosotros todo el tiempo, por medio de nuestro salvador Jesucristo. Que permanezcamos en cuerpo y alma en tus manos, y al final podamos llegar a ti, Padre nuestro del cielo, como hijos verdaderos, renacidos por medio del Espíritu Santo. Amén.

Febrero

I

Febrero

¡Fíjense qué gran amor nos ha dado el Padre, que se nos llame hijos de Dios! ¡Y lo somos! El mundo no nos conoce, precisamente porque no lo conoció a él.   I JUAN 3:1

Señor nuestro Dios, te damos gracias por ser tus hijos y por ser guiados por tu mano. Danos paciencia y fe, especialmente cuando nuestro camino en el mundo parece difícil y la vida está llena de problemas y dificultades. Tú eres luz, nos muestras el camino recto. Vas delante de nosotros en la abnegación y paciencia que nos enseña tu Palabra. Protégenos en todos nuestros caminos. Que tu reino crezca entre nosotros hasta que podamos ver claramente que tú, oh Dios, estás verdaderamente con nosotros haciendo tu obra y llenándonos de alegría, aunque parezca inútil todo lo que hacemos. Pero tu obra perdura; en ella nos regocijamos y queremos darte gracias todos los días. Amén.

2

Febrero

Y volverán los rescatados por el Señor, y entrarán en Sión con cantos de alegría, coronados de una alegría eterna. Los alcanzarán la alegría y el regocijo, y se alejarán la tristeza y el gemido. ISAÍAS 35:10

Amado Padre que estás en el cielo, te damos gracias porque nos guías en todos nuestros caminos. Juntos alabamos tu nombre. Te suplicamos que estés con nosotros, especialmente cuando aumentan las tinieblas en el mundo. Quédate con nosotros y manda tu poder; envía tu poder como respuesta a nuestras oraciones. Oramos por todas las personas: «Padre que estás en el cielo, estos son nuestros hermanos y hermanas, a pesar de sus fracasos y pecados». Oh Dios, ayúdalos. Ojalá pronto lleguen a reconocer quién eres tú, lo que haces y lo que harás todavía, para que el mundo entero tenga alegría y todos los pueblos en esta tierra conozcan la bendición de ser tus hijos. Amén.

3

Febrero

Todos ustedes son hijos de Dios mediante la fe en Cristo Jesús, porque todos los que han sido bautizados en Cristo se han revestido de Cristo. GÁLATAS 3:26–27

Amado Padre que estás en el cielo, venimos ante ti porque nos has recibido como tus hijos. Nuestros corazones anhelan llegar a ti, nuestro Dios y salvador. Tu Palabra nos bendice y nos restaura. Danos corazones valientes para soportar las angustias de nuestro tiempo. Permite que surja una luz en nuestros días, para que la gente preste atención a tu voluntad. Entonces la necesidad del mundo llegará a su fin, tu nombre será honrado y se cumplirá tu voluntad. Señor Dios, solo tú eres nuestra ayuda. Ten misericordia de nosotros. Extiende tu mano de modo que todas las personas se vuelvan a ti y a tus mandamientos, y se haga tu voluntad en la tierra. Amén.

4

Febrero

«Yo soy el camino, la verdad y la vida», le contestó Jesús. «Nadie llega al Padre sino por mí». JUAN 14:6

Señor nuestro Dios, ayúdanos a quienes hemos escuchado las buenas nuevas en el nombre de Jesucristo. Ayúdanos a llegar con todo nuestro corazón al Salvador, quien nos dirige a tu encuentro. Escucha nuestras súplicas y permite que la luz de tu rostro resplandezca sobre el mundo. Haz que la nueva era llegue pronto. Envía tu salvación al mundo para gloria de tu nombre, para que la verdad que hemos aprendido de ti se convierta en realidad en nuestros corazones, y toda nuestra vida pueda ser genuina, arraigada en la verdad, guiándonos al cielo, para la honra de tu nombre. Escúchanos, oh Señor nuestro Dios. Encomendamos ante ti nuestras personas y nuestra vida diaria. Queremos ser fieles. Ayúdanos a ser tus hijos, conscientes en todo momento que te pertenecemos. Amén.

5
Febrero

Quiero alabarte, Señor, con todo el corazón, y contar todas tus maravillas. Quiero alegrarme y regocijarme en ti, y cantar salmos a tu nombre, oh Altísimo.

SALMO 9:1-2

Señor nuestro Dios, guárdanos en tu Espíritu. Rodéanos con tu protección, para que en cuerpo y alma alabemos tu poder y tengamos alegría, incluso en un mundo lleno de maldad. Alumbra en nuestros corazones, para que podamos discernir lo que es justo, bueno y eterno. Que hagas más de lo que pedimos o entendemos, para los que todavía andan en tinieblas apartados de ti. Que tu misericordia eterna los envuelva, y que la tierra se llene de gratitud a ti, el Padre y creador de todos nosotros. Amén.

6

Febrero

Me alegro y me regocijo en tu amor, porque tú has visto mi aflicción y conoces las angustias de mi alma.

SALMO 31:7

Amado Padre que estás en el cielo, venimos ante tu presencia con acción de gracias y regocijo de que estés con nosotros en la tierra. Aunque tenemos muchas luchas y tentaciones, y a pesar de que los problemas se amontonan sobre nosotros, sabemos que estamos en tus manos y que todo obra conforme a tu voluntad. Guárdanos en la firmeza de tus manos. Ayúdanos a soportar todo lo que nos resulta difícil, porque sabemos que tú estás en control y todo lo diriges a un buen propósito. Cuando parezca más oscuro y más difícil, con mayor claridad tu mano manifestará la victoria entre aquellos cuyas vidas están fundadas en la eternidad, esas vidas no pueden terminar en tristeza, terminarán en tu gloria. Amén.

7

Febrero

Más bien, una cosa hago: olvidando lo que queda atrás y esforzándome por alcanzar lo que está delante, sigo avanzando hacia la meta para ganar el premio que Dios ofrece mediante su llamamiento celestial en Cristo Jesús.

FILIPENSES 3:13B—14

Amado Padre que estás en el cielo, fuente viva de todo lo que es eterno en nosotros, venimos ante ti a suplicarte que fortalezcas los dones que nos has dado. Concédenos luz de vida, con la que podamos caminar a pesar de las muchas cargas e incertidumbres de nuestra vida terrenal. Protégenos del engaño y la desilusión. Fortalece en nosotros, en muchos otros y finalmente en toda la humanidad la esperanza por tu reino eterno sobre nosotros, que es inalterable e inconmovible. Amén.

8

Febrero

Porque todos los que son guiados por el Espíritu de Dios son hijos de Dios. Y ustedes no recibieron un espíritu que de nuevo los esclavice al miedo, sino el Espíritu que los adopta como hijos y les permite clamar: «¡Abba! ¡Padre!» El Espíritu mismo le asegura a nuestro espíritu que somos hijos de Dios. ROMANOS 8:14−16

Amado Padre que estás en el cielo, estás entre nosotros y te podemos llamar Abba, Padre amado. En el gozo de ser tus hijos queremos poner nuestras vidas en tus manos, para que sean hechas buenas y felices. Cuida de nosotros como el pastor apacienta su rebaño, para que podamos tener comunión unos con otros. Ayúdanos a entender que tienes muchos hijos aquí y en todas partes, y que una y otra vez llevas de la mano a cada hijo cuando le dices: «Tú eres mío. Yo cuido de ti». Te damos gracias porque tus ojos velan sobre todo el mundo. Te damos gracias porque gobiernas sobre toda la humanidad y traerás bienestar a todos sus habitantes, dondequiera que vivan. Que pronto suceda esto por medio de nuestro salvador. A él clamamos: «¡Ven Señor Jesús; ven pronto! Que tu mano nos mantenga a todos cerca del Padre celestial». Amén.

9

Febrero

El que habita al abrigo del Altísimo se acoge a la sombra del Todopoderoso. Yo le digo al Señor: «Tú eres mi refugio, mi fortaleza, el Dios en quien confío».

SALMO 91:1–2

Señor nuestro Dios, venimos ante tu presencia, porque eres nuestra seguridad, nuestro refugio, especialmente en estos tiempos cuando todo lo que sucede nos aflige y perturba. Tú eres nuestro Dios y salvador hoy y siempre. En todo momento has sido nuestro salvador y ayudador, y lo seguirás siendo por la eternidad. Alabamos y glorificamos tu nombre. Danos un nuevo espíritu para nuestro tiempo, oramos por una nueva ayuda mediante el evangelio traído por Jesucristo. Que tu nombre sea santificado, que venga tu reino y se haga tu voluntad en la tierra como en el cielo. Amén.

Febrero

En aquel día se entonará esta canción en la tierra de Judá: «Tenemos una ciudad fuerte. Como un muro, como un baluarte, Dios ha interpuesto su salvación…. Confíen en el Señor para siempre, porque el Señor es una Roca eterna». ISAÍAS 26:1, 4

Señor nuestro Dios, ayúdanos a encontrar el sendero para caminar con confianza, porque tú eres nuestro Padre. Disipa todos los pensamientos que tratan de deprimirnos, haz que tu Espíritu los aparte. Que nuestros corazones se tranquilicen ante ti, porque tú, el Todopoderoso, guías todo para el bien de la humanidad en la tierra. Todo llevará a la acción de gracias, para tu gloria y alabanza. Permanece con nosotros en todo momento, día y noche. Que nuestros corazones se deleiten jubilosos de nuevo, regocijándose en ti, nuestro Dios y salvador. Amén.

II

Febrero

Pero cuando venga el Espíritu de la verdad, él los guiará a toda la verdad, porque no hablará por su propia cuenta sino que dirá solo lo que oiga y les anunciará las cosas por venir. JUAN 16:13

Amado Padre que estás en el cielo, concédenos tu Espíritu a nosotros tus hijos. Que algo de ti se manifieste en la tierra, para que la fuerza y la verdad divinas se hagan presentes en todo lo que hacemos, y no lo que es meramente humano. Mantén viva en nuestros corazones la valentía, incluso cuando las cosas se vean mal. Que los poderes de paz y sanación se manifiesten en medio de nosotros, porque tú estás cerca y tu reino está en todo nuestro derredor. Tú puedes hacer todas las cosas, también cosas más allá de nuestro entendimiento. Con tu ayuda hacemos lo que podemos, pero no podemos hacer lo que tú haces. Confiamos en ti y creemos que por medio de tu poder y de tu Espíritu tomarás posesión de toda nuestra vida, y de las vidas de muchos que suspiran en sus corazones por la verdad absoluta. Amén.

Febrero

Sin embargo, no se alegren de que puedan someter a los espíritus, sino alégrense de que sus nombres están escritos en el cielo.

LUCAS 10:20

Amado Padre que estás en el cielo, te damos gracias de todo corazón por mostrar tu poder en nosotros y por derrotar tanta hostilidad que amenaza perjudicar nuestra vida. Te agradecemos por las innumerables maravillas que haces para nuestro bien. Nos regocijamos y te damos gracias, sobre todo por permitirnos saber que has escrito nuestros nombres en el cielo. Y donde estén nuestros nombres, también estaremos nosotros. Donde nuestro Señor Jesucristo esté, ahí también queremos estar; de él deben proceder nuestras palabras y acciones. Guárdanos fieles en esto, y permítenos servirte con alegría en cada camino que recorremos. Amén.

Febrero

Acepta todo lo que te venga, y sé paciente si la vida te trae sufrimientos. Porque el valor del oro se prueba en el fuego, y el valor de los hombres en el horno del sufrimiento.

ECLESIÁSTICO 2:4–5 DHH

Señor nuestro Dios, te damos gracias por ayudarnos una y otra vez. ¡Alabado sea tu nombre por todo lo que haces por nosotros y por toda tu ayuda en los muchos peligros y dificultades! Confiamos plenamente y tenemos fe en ti por medio de Jesucristo, el Salvador. Él revela tu gracia en todas partes, en cada dificultad, dándonos valentía y libertad para mirar hacia tu reino. Ayúdanos a permanecer valientes cuando tenemos que afrontar el sufrimiento, pues queremos ser tus discípulos en Cristo Jesús, el crucificado. Él ha hecho el sufrimiento santo, que nuestro sufrimiento también pueda darte fruto en el tiempo y la eternidad. Amén.

Febrero

En consecuencia, ya que hemos sido justificados mediante la fe, tenemos paz con Dios por medio de nuestro Señor Jesucristo. También por medio de él, y mediante la fe, tenemos acceso a esta gracia en la cual nos mantenemos firmes. Así que nos regocijamos en la esperanza de alcanzar la gloria de Dios. Y no solo en esto, sino también en nuestros sufrimientos, porque sabemos que el sufrimiento produce perseverancia; la perseverancia, entereza de carácter; la entereza de carácter, esperanza. Y esta esperanza no nos defrauda, porque Dios ha derramado su amor en nuestro corazón por el Espíritu Santo que nos ha dado. ROMANOS 5:1−5

Señor nuestro Dios, guárdanos en la gracia que es nuestra por medio de Jesucristo. Mantén también a otros en esta gracia. Revélate en todo lugar hacia aquellos que confían en ti y que esperan tu reino. Que tu bendición esté en nuestro hogar. Te damos gracias por ayudarnos, y con tu ayuda queremos ser fieles a ti. Así podemos tener la certeza de tu presencia cuando lleguen las dificultades. Te conocemos y confiamos en ti; conocemos y confiamos en el Salvador; y conocemos y confiamos en el Espíritu Santo, en ellos podemos tener comunión y ser fortalecidos para darte gloria. Amén.

15
Febrero

Porque lo dice el excelso y sublime, el que vive para siempre, cuyo nombre es santo: «Yo habito en un lugar santo y sublime, pero también con el contrito y humilde de espíritu, para reanimar el espíritu de los humildes y alentar el corazón de los quebrantados».

ISAÍAS 57:15

Amado Padre que estás en el cielo, te damos gracias porque aun en la necesidad y la miseria sentimos y sabemos que tú estás con los débiles, porque eres poderoso ayudando a tus hijos. Tú le das fuerza al débil para servirte, a pesar de todas sus faltas y debilidades. Danos alegría de corazón por todo lo que podamos hacer y experimentar, porque te sirve a ti, a tu gloria y a tu reino hasta el día cuando otros también reciban la vista para ver. Amén.

16

Febrero

Nosotros no hemos recibido el espíritu del mundo sino el Espíritu que procede de Dios, para que entendamos lo que por su gracia él nos ha concedido.

1 CORINTIOS 2:12

Amado Padre que estás en el cielo, oramos para que nos abras la puerta. Concédenos ir ante ti en espíritu. Concédenos encontrar paz y valentía en ti durante toda nuestra vida. Guíanos siempre con tu Espíritu. Ayúdanos a descubrir tu voluntad en la tierra y concédenos acceso a tus poderes celestiales, ya que solos no podemos hacer nada. Fortalece nuestra fe, para que siempre podamos servirte. Bendícenos con tu Palabra. Que se abran nuestros corazones, porque somos tus hijos, oh Señor nuestro Dios, por medio de Jesucristo nuestro salvador. Amén.

17

Febrero

Canten al Señor un cántico nuevo, porque ha hecho maravillas. Su diestra, su santo brazo, ha alcanzado la victoria. El Señor ha hecho gala de su triunfo; ha mostrado su justicia a las naciones. Se ha acordado de su amor y de su fidelidad por el pueblo de Israel; ¡todos los confines de la tierra son testigos de la salvación de nuestro Dios! SALMO 98:1–3

Señor nuestro Dios, te damos gracias de corazón, desde lo profundo de nuestros corazones, porque nos consideras dignos de colaborar contigo para que la redención llegue al mundo en Jesucristo. Actualmente existen muchas personas que ya se están regocijando en su redentor; están llenas de esperanza y consuelo, porque el fin está cerca, el día en que se manifestará tu gloria, cuando el mundo entero y todas las naciones te glorifiquen, oh gran Dios y Padre celestial. Oramos para que llegues en nuestro tiempo. Ayúdanos, Señor nuestro Dios. Día y noche te buscamos con la esperanza de contemplar el tiempo de tu gloria, con la esperanza de recibir esa paz que sobrepasa todo entendimiento y de alcanzar la redención, la gran salvación del cielo, por medio de ti, el Dios de todo lo que existe. Amén.

Febrero

Él fortalece al cansado y acrecienta las fuerzas del débil. Aun los jóvenes se cansan, se fatigan, y los muchachos tropiezan y caen; pero los que confían en el Señor renovarán sus fuerzas; volarán como las águilas: correrán y no se fatigarán, caminarán y no se cansarán.

ISAÍAS 40:29–31

Señor nuestro Dios, nuestro Padre amoroso, te damos gracias por todo lo que de ti recibe nuestro corazón y espíritu. Te damos gracias por la comunidad que nos das, fortaleciéndonos para afrontar la vida, incluso durante el trabajo duro, dificultades y privaciones. Concede que tus poderes fluyan para darnos fortaleza y valor, que podamos verte y reconocerte con más claridad en tus obras. No nos dejes desmayar ni cansarnos, no importa lo que tengamos que sufrir. Concede que tu Espíritu inunde con mayor profundidad para traer paz a nosotros y a quienes nos rodean, y finalmente para llevar bendición a todos los pueblos de la tierra. Amén.

19

Febrero

Y nosotros hemos llegado a saber y creer que Dios nos ama. Dios es amor. El que permanece en amor, permanece en Dios, y Dios en él. I JUAN 4:16

Señor nuestro Dios, venimos ante ti como personas pobres, con grandes necesidades y cargas pesadas, que con frecuencia no sabemos adónde acudir. Pero nosotros tenemos confianza, porque eres amor. Tu amor penetra profundamente en nuestras vidas, rectificando lo que está mal y enmendando nuestras equivocaciones. Y por eso estamos alegres y esperamos tu gracia y tu ayuda en todos nuestros caminos. Bendícenos y ayúdanos a encontrar lo que es bueno en cada situación, para darte alabanza y honor. Amén.

20

Febrero

Hijo mío, no desprecies la disciplina del Señor, ni te ofendas por sus reprensiones. Porque el Señor disciplina a los que ama, como corrige un padre a su hijo querido.

PROVERBIOS 3:11—12

Señor nuestro Dios, te damos gracias porque, a pesar de toda la maldad, podemos mirar hacia el bien y hacia un cambio favorable. Porque tu amor, tu Espíritu de amor, está con nosotros. Pese a todo lo que anda mal, podemos cambiar. Por medio de una fe auténtica podemos llegar a ser dignos delante de ti. Todo puede resultar para bien. Las naciones pueden tener alegría y regocijarse en la vida, ya que estás obrando en ellas para ayudarlas a cambiar. Amén.

Febrero

Esposos, amen a sus esposas, así como Cristo amó a la iglesia y se entregó por ella para hacerla santa. Él la purificó, lavándola con agua mediante la palabra, para presentársela a sí mismo como una iglesia radiante, sin mancha ni arruga ni ninguna otra imperfección, sino santa e intachable. EFESIOS 5:25–27

Señor nuestro Dios, acuérdate de nosotros aunque somos pocos. Protégenos de toda maldad y daño interior, que nos amenaza cada día. Permite que tu mano sea con nosotros, para que al fin un gran torrente de poder pueda fluir de tu iglesia a todo el mundo, dando cumplimiento a tus promesas. Te damos gracias por toda tu bondad. Te pedimos que cuides de nosotros. Guárdanos en el buen espíritu y propósito, ayúdanos a combatir todo lo malo y dañino. Concede que te sirvamos a ti y no al mundo. Protégenos hoy y todos los días. Amén.

Pasando delante de él, proclamó: «El Señor, el Señor, Dios clemente y compasivo, lento para la ira y grande en amor y fidelidad, que mantiene su amor hasta mil generaciones después, y que perdona la iniquidad, la rebelión y el pecado; pero que no deja sin castigo al culpable, sino que castiga la maldad de los padres en los hijos y en los nietos, hasta la tercera y la cuarta generación». ÉXODO 34:6-7

Amado Padre que estás en el cielo, ¡que grande es tu bondad y misericordia para todos nosotros en la tierra, que estamos sujetos al sufrimiento y la muerte! Que nuestros corazones sean fortalecidos por medio de tu bondad y mediante el poder salvador de tu naturaleza, revelado a nosotros en Cristo Jesús, nuestro redentor. Protégenos y bendícenos esta noche. Que tu Espíritu nos ayude a encontrar omnipresente misericordia y bondad. ¡Alabado sea tu nombre eternamente! Amén.

23

Febrero

Después de esto miré, y apareció una multitud tomada de todas las naciones, tribus, pueblos y lenguas; era tan grande que nadie podía contarla. Estaban de pie delante del trono y del Cordero, vestidos de túnicas blancas y con ramas de palma en la mano. Gritaban a gran voz: «¡La salvación viene de nuestro Dios, que está sentado en el trono, y del Cordero!». Apocalipsis 7:9–10

Señor Dios, nos volvemos a ti en oración, para que venga tu reino. Que realmente venga a la tierra tu Jerusalén, con todos los bendecidos a quienes se les ha permitido reunirse en torno a Cristo Jesús por medio del perdón de pecados y la resurrección. Ven con tu luz a nuestro tiempo, para que se perdonen los pecados y las personas encuentren la salvación. Acuérdate de los que están en gran aflicción. Ayuda a quienes sufren por el pecado o la muerte, porque solo de ti proviene la ayuda. Nada nos puede ayudar excepto tu amor paternal en Cristo Jesús. ¡Alabado sea tu nombre! Amén.

Porque yo soy el Señor tu Dios, yo agito el mar, y rugen sus olas; el Señor todopoderoso es mi nombre. He puesto mis palabras en tu boca y te he cubierto con la sombra de mi mano; he establecido los cielos y afirmado la tierra, y he dicho a Sión: «Tú eres mi pueblo». ISAÍAS 51:15–16

Señor Dios todopoderoso, tus ojos velan sobre el mundo entero. Venimos ante ti acorralados por los males que todavía se aferran a nosotros. Refugia nuestras vidas en tus manos. Danos de tu fortaleza para vencer, incluso en sufrimiento y necesidad. Porque somos tuyos, oh Señor nuestro Dios. Has elegido a tu pueblo para fortalecerlo y liberarlo de todo mal. Te suplicamos que nos ayudes. Que podamos sentir tu presencia entre nosotros y que tu Palabra dé fruto en nosotros para la honra eterna de tu nombre. Amén.

25

Febrero

Este es mi siervo, a quien sostengo, mi escogido, en quien me deleito; sobre él he puesto mi Espíritu, y llevará justicia a las naciones. ISAÍAS 42:1

Amado Padre que estás en el cielo, concédenos permanecer en tu gracia. Haz que por medio de tu Palabra la luz de tu gracia llegue a nosotros. Guárdanos firmes en la fe hasta el tiempo prometido, cuando tu redención llegue a todas las naciones de la tierra. Con frecuencia estamos ansiosos y nos preguntamos si la gente podrá aguantar. ¿Aprenderán a escuchar tu Palabra? ¿Permanecerán firmes cuando lleguen tiempos difíciles? ¿Se volverán solo a ti, quien conoce la hora y el momento señalado cuando veremos el día prometido? Que tu mano poderosa prevalezca sobre el mundo entero. Tú eres el único poder que puede ayudarnos a salir de nuestra gran aflicción, tú eres nuestro único Señor. Amén.

Febrero

A las montañas levanto mis ojos; ¿de dónde ha de venir mi ayuda? Mi ayuda proviene del Señor, creador del cielo y de la tierra. SALMO 121:1–2

Señor nuestro Dios, nuestro refugio eterno, bendícenos cuando nos reunimos en tu presencia y nos volvemos a ti. Que seamos tus hijos, quienes sencillamente podemos creer y permanecer firmes en nuestras vidas y en nuestro llamamiento. Te damos gracias por darnos tu gracia y tu constante ayuda. En tu gracia podemos alegrarnos, alabando y honrándote a ti. Tú eres nuestro Padre, nunca nos abandonas. Que tu nombre sea alabado por todos nosotros. Alabado en lo alto y en el mundo entero, para que toda persona pueda reconocerte y recibir de ti lo que necesita. Amén.

Febrero

No tengas miedo de lo que estás por sufrir. Te advierto que a algunos de ustedes el diablo los meterá en la cárcel para ponerlos a prueba, y sufrirán persecución durante diez días. Sé fiel hasta la muerte, y yo te daré la corona de la vida.   APOCALIPSIS 2:10

Señor nuestro Dios, venimos ante tu presencia. Te rogamos que escuches nuestras oraciones. Que se haga tu voluntad entre nosotros; en cada uno de nosotros de manera individual, y en nuestro tiempo. Permite que todo vaya de acuerdo con tu voluntad, incluso si el camino conduce en medio de aflicción, miedo y necesidad. Porque al final tu destino será alcanzado. Al final, se cumplirá tu propósito, y tu reino vendrá. Tu reino llegará para honrar tu nombre y para la redención de todas las personas que todavía sufren en la tierra. Que tu Palabra nos traiga bendición. Que sigamos adelante con alegría en la paciencia de Cristo Jesús hasta que cambien los tiempos, hasta que amanezca un nuevo día y se nos conceda ver tu gloria y tu paz. Amén.

Febrero

Pues tu amor es tan grande que llega a los cielos; ¡tu verdad llega hasta el firmamento! ¡Tú, oh Dios, estás sobre los cielos; tu gloria cubre toda la tierra!

SALMO 57:10–11

Amado Padre que estás en el cielo, te damos gracias porque siempre has sido misericordioso con nosotros, revelando tu gran bondad y poder en tiempos pasados y en el presente. En esta revelación vivimos, oh Señor nuestro Dios. Tú eres el Todopoderoso, quien hace maravillas en la tierra y que gobierna los cielos, para que podamos ser bendecidos y ayudados en nuestro recorrido terrenal. Permite que tu bondad y justicia se manifiesten en todo el mundo. Levántate, oh Señor nuestro Dios. Permite que tu luz alumbre en nosotros que creemos en ti, permite que tu luz alumbre en el mundo entero. Que tu nombre sea glorificado. En verdad tú eres nuestro Padre, en el cielo y en la tierra. Tú das seguridad a nuestras vidas, ahora y en la eternidad. Amén.

Febrero

Ciertamente, la palabra de Dios es viva y poderosa, y más cortante que cualquier espada de dos filos. Penetra hasta lo más profundo del alma y del espíritu, hasta la médula de los huesos, y juzga los pensamientos y las intenciones del corazón.   HEBREOS 4:12

Señor nuestro Dios, ten misericordia de nosotros. Sé nuestro fuerte refugio. Ayúdanos en todos nuestros caminos. Ayúdanos en los caminos oscuros y difíciles por los que a menudo tenemos que andar en la tierra. Concédenos ver tu luz, ya que estás con nosotros. Tú nos ayudas, y permites que el poder de vida de Cristo Jesús esté con nosotros, para que tu nombre sea honrado en la tierra por medio de muchos que te aman y vienen a ti, rogándote en oración. Danos la luz de tu Palabra, para escucharla y vivir rectamente. Incrementa nuestra fortaleza para la lucha, a la cual nos has llamado. Bendícenos a todos. Alumbra nuestros corazones, para que realicemos todo lo que has prometido a través de tu Palabra. Amén.

Marzo

I

Marzo

Prueben y vean que el Señor es bueno; dichosos los que en él se refugian. SALMO 34:8

Amado Padre que estás en el cielo, venimos ante ti. Con agradecimiento venimos a ti, porque una y otra vez nos ayudas. Una y otra vez has dejado que tu luz alumbre sobre nosotros, para que podamos alegrarnos y saber que nuestras vidas están en tus manos. Danos tu protección en este mundo, donde es tan necesaria. Protégenos, que la luz de vida verdadera alumbre con más y más intensidad, que alabemos tu nombre con todo nuestro corazón. Oh Dios, permanece con nosotros esta noche y toca nuestros corazones con tu Espíritu. Amén.

2

Marzo

Queridos hermanos, no se extrañen del fuego de la prueba que están soportando, como si fuera algo insólito. Al contrario, alégrense de tener parte en los sufrimientos de Cristo, para que también sea inmensa su alegría cuando se revele la gloria de Cristo. I PEDRO 4:12−13

Amado Padre que estás en el cielo, te pedimos de todo corazón que nos des tu paz, que nada nos la pueda quitar, y protégenos de toda maldad. Que seamos conscientes de que siempre debemos servirte con abnegación, siendo fieles en todos nuestros caminos, esperando la gran promesa que nos has dado a cada uno. Como siempre lo has hecho; guárdanos bajo tu protección. Te alabamos y agradecemos por todo lo que proviene de ti en nuestro corazón, lo que nos hace llenos de confianza y certeza en tu ayuda futura. Amén.

3

Marzo

Dirigiéndose a todos, declaró: «Si alguien quiere ser mi discípulo, que se niegue a sí mismo, lleve su cruz cada día y me siga. Porque el que quiera salvar su vida, la perderá; pero el que pierda su vida por mi causa, la salvará».

LUCAS 9:23–24

Amado Padre que estás en el cielo, tú nos has enviado al Señor Jesús para cargar con nuestra culpa y nuestro sufrimiento. Hasta este día nos regocijamos de que haya venido, él es quien puede liberarnos de todo mal. Enséñanos a comprender el camino de la cruz, el camino que Jesús emprendió. Ayúdanos a seguirlo siempre, aunque también tengamos que sufrir y cargar una cruz. Entonces podremos andar con alegría el camino que él emprendió para la gloria de tu nombre, oh Padre del cielo. Si lo entendemos o no, somos tus hijos. Tú nos proteges y cuidas de nosotros, hasta que venga tu gloria y se culmine todo lo que se inició por medio de Jesucristo, el salvador del mundo. Bendícenos con tu Palabra y ayúdanos a ser sus fieles seguidores. Amén.

4
Marzo

Por tanto, también nosotros, que estamos rodeados de una multitud tan grande de testigos, despojémonos del lastre que nos estorba, en especial del pecado que nos asedia, y corramos con perseverancia la carrera que tenemos por delante. Fijemos la mirada en Jesús, el iniciador y perfeccionador de nuestra fe, quien por el gozo que le esperaba, soportó la cruz, menospreciando la vergüenza que ella significaba, y ahora está sentado a la derecha del trono de Dios. HEBREOS 12:1–2

Señor, Dios y Padre nuestro, te damos gracias por permitirnos andar en el camino de Jesucristo, por ayudarnos en el camino de la cruz. Pase lo que pase, nosotros pertenecemos al Salvador y somos tus hijos. Queremos estar alegres y llenos de fe, llenos de esperanza, llenos de paciencia, porque tu misericordia nos guía. En todo lo que experimentamos, cuán a menudo podemos decir: «Gracias a Dios. Él nos ha ayudado, aquí y allá, él nos ayuda cada día a pesar de toda la maldad que hay en el mundo. ¡Alabanza, agradecimiento y honor a él por siempre!». Amén.

5

Marzo

No tengan miedo, mi rebaño pequeño, porque es la buena voluntad del Padre darles el reino. LUCAS 12:32

Señor nuestro Dios, venimos a ti como un pequeño rebaño, al cual redimirás en tu tiempo. Te pedimos que nos recibas y nos guardes como tuyos. Protégenos siempre, para que permanezcamos fuertes en la fe. Fortalece nuestra fe de que estás con nosotros y nos ayudas. Concede a tu pueblo venir a la luz, para honrar tu nombre. Nos encomendamos a tus manos en esta noche. Señor nuestro Dios, permanece con nosotros por medio de tu Espíritu. Amén.

6

Marzo

Tributen al Señor, pueblos todos, tributen al Señor la gloria y el poder. Tributen al Señor la gloria que merece su nombre; traigan sus ofrendas y entren en sus atrios. Póstrense ante el Señor en la majestad de su santuario; ¡tiemble delante de él toda la tierra! <small>SALMO 96:7–9</small>

Señor nuestro Dios, tú eres nuestra ayuda y nuestro consuelo. Esperamos en ti y en tus promesas. Concédenos permanecer llenos de valor, también en nuestras preocupaciones personales, para no quejarnos como niños llorones sino esperar con alegría tu gran victoria en la tierra. Que nos convirtamos en tu pueblo. Concede tu Espíritu a tu pueblo, no solamente a unos pocos sino con el tiempo a muchos. Señor nuestro Dios, pedimos que se cumpla tu voluntad entre las naciones de la tierra; que tu voluntad se haga en la tierra como se hace en el cielo. Amén.

7
Marzo

El Señor es mi fuerza y mi canto; ¡él es mi salvación! Gritos de júbilo y victoria resuenan en las casas de los justos: «¡La diestra del Señor realiza proezas! ¡La diestra del Señor es exaltada! ¡La diestra del Señor realiza proezas!». SALMO 118:14−16

Amado Padre que estás en el cielo, somos tus hijos, acudimos a ti y buscamos tu ayuda en cada momento de nuestras vidas. Acuérdate de nosotros, especialmente cuando queremos servirte. Quédate con nosotros en tu Espíritu, para que todo resulte en el avance de tu reino y la victoria de Jesucristo, que será proclamada en la tierra. Por medio de su victoria toda la humanidad encontrará en él a su salvador y acudirá a ti, nuestro Padre celestial. Sí, Padre del cielo, ten misericordia del mundo, de muchos que viven en desgracia y que padecen de una maldad generalizada a su alrededor. Acuérdate de ellos. Ten misericordia de nosotros por medio del fuerte y poderoso Señor Jesucristo. Amén.

8

Marzo

Por eso Dios lo exaltó hasta lo sumo y le otorgó el nombre que está sobre todo nombre, para que ante el nombre de Jesús se doble toda rodilla en el cielo y en la tierra y debajo de la tierra, y toda lengua confiese que Jesucristo es el Señor, para gloria de Dios Padre.

FILIPENSES 2:9–11

Señor Jesús, nos postramos ante ti; a quien se le ha dado todo el poder. Oh Señor, te amaremos, te apreciaremos. Tus pensamientos serán nuestros pensamientos, queremos aprender cómo eres nombrado en el cielo, en la tierra y debajo de la tierra. Cuídanos y permanece con nosotros hasta que puedas venir, hasta el cumplimiento del tiempo, cuando aparecerás entre nosotros para establecer el reino de Dios. Entonces el mundo entero se alegrará y toda la humanidad se postrará ante ti, el único Señor y salvador. Amén.

9

Marzo

Pero si vivimos en la luz, así como él está en la luz, tenemos comunión unos con otros, y la sangre de su Hijo Jesucristo nos limpia de todo pecado. 1 JUAN 1:7

Amado Padre que estás en el cielo, como hijos tuyos te damos gracias porque tú sabes cómo unirnos. Nos has conducido a la comunión contigo de manera tan hermosa, en medio de un mundo lleno de agitación y malestar, lleno de miseria y sufrimiento, lleno de pecado y maldad. Porque conoces a tus hijos, los guías a la comunión contigo; los consuelas, les das fortaleza de fe y confianza en tu soberanía y reinado, que prevalecerán sobre toda maldad y muerte que todavía parece dominar a la humanidad. Pero tu señorío alcanza mucho más allá; tú nos guardarás en tus manos. Por causa de los que confían en ti, enviarás tu gracia y ayuda al mundo entero. Amén.

Marzo

Así como la lluvia y la nieve descienden del cielo, y no vuelven allá sin regar antes la tierra y hacerla fecundar y germinar para que dé semilla al que siembra y pan al que come, así es también la palabra que sale de mi boca: No volverá a mí vacía, sino que hará lo que yo deseo y cumplirá con mis propósitos. ISAÍAS 55:10–11

Señor nuestro Dios, luz del mundo y luz de nuestra vida humana, te damos gracias por enviarnos tu Palabra a nuestros corazones. Tu Palabra obra en nosotros y nos permite regocijarnos. Aunque con frecuencia experimentamos tiempos difíciles y amargos aquí en la tierra, ya podemos regocijarnos, como el mundo se alegrará cuando tu voluntad y tu palabra se hayan cumplido. Protégenos y guárdanos en la pureza y libertad de espíritu, para que seamos tus siervos, que de vez en cuando se nos permita decir una palabra en armonía con la gran y poderosa Palabra que tú has enviado al mundo. Amén.

II

Marzo

En consecuencia, ya que hemos sido justificados mediante la fe, tenemos paz con Dios por medio de nuestro Señor Jesucristo. También por medio de él, y mediante la fe, tenemos acceso a esta gracia en la cual nos mantenemos firmes. Así que nos regocijamos en la esperanza de alcanzar la gloria de Dios. ROMANOS 5:1–2

Amado Padre que estás en el cielo, concédenos participar en la comunión de tu Santo Espíritu. Porque en comunión contigo se desvanecen nuestras dificultades y gozamos de tu paz, a pesar de todos nuestros fracasos y debilidades, y pese a todo el arduo esfuerzo que debemos aceptar con gusto. Cuida de nosotros, guarda nuestros corazones en firmeza, limpieza y estabilidad. Guárdanos en la certeza de que ya viene tu reino, ya ha comenzado y puede verse con claridad; entonces todo ser humano podrá recibir lo bueno que has planeado para ellos. Acompáñanos hoy en esta noche. Amén.

Marzo

Pero ahora, así dice el Señor, el que te creó, Jacob, el que te formó, Israel: «No temas, que yo te he redimido; te he llamado por tu nombre; tú eres mío. Cuando cruces las aguas, yo estaré contigo; cuando cruces los ríos, no te cubrirán sus aguas; cuando camines por el fuego, no te quemarás ni te abrasarán las llamas».

ISAÍAS 43:1–2

Amado Padre que estás en el cielo, te damos gracias por el don de tu luz en nuestros corazones, que nos permite tener fe en ti. Te agradecemos por tu luz, que nos muestra las muchas maneras en que nos salvas de la necesidad, las tinieblas y la muerte. En medio de estas tinieblas mantienes a salvo nuestros corazones, para que podamos ser fieles hasta que llegue tu tiempo, cuando te revelarás al mundo y todos clamarán a una sola voz: «Sí, Padre del cielo, te damos gracias porque nos has redimido a todos». Amén.

13

Marzo

Dichosos los que tienen hambre y sed de justicia, porque serán saciados. MATEO 5:6

Amado Padre que estás en el cielo, que nuestros corazones encuentren palabras para alabarte unidos y para pedirte de común acuerdo: que vivamos en comunión contigo. Venimos ante ti con todo nuestro ser, con todo lo que hemos experimentado, con todo lo que hemos recibido de ti cuando nos guías. Porque hasta ahora nos has mostrado el camino y nos has guiado en medio del bien y del mal, de lo perfecto e imperfecto. Nos has dirigido a todos para saber que te pertenecemos: somos tuyos. Estás obrando en nosotros para llevar a cabo tu propósito en cada uno, y también en muchos, multitudes que tienen hambre y sed de justicia y verdad. Habita con nosotros por medio de tu Espíritu. Tócanos por medio del amor de Jesucristo. Él es nuestro salvador, a él nos aferramos para que podamos adorarte en su nombre. Amén.

Entonces el Señor creará una nube de humo durante el día y un resplandor de fuego llameante durante la noche, sobre el monte Sión y sobre los que allí se reúnan. Por sobre toda la gloria habrá un toldo que servirá de cobertizo, para dar sombra contra el calor del día, y de refugio y protección contra la lluvia y la tormenta.

ISAÍAS 4:5−6

Amado Padre que estás en el cielo, eres nuestro refugio en este día y en cada día por venir, tócanos con el dedo de tu poder. Protégenos y defiéndenos de todo ataque de las tinieblas. Cuando la gente salga de las tinieblas y acuda a ti, haz que sus ojos brillen intensamente con la luz de tu mirada. Que tu luz alumbre nuestro interior y nuestro alrededor. Que tu luz lleve tu causa a la victoria, al grandioso día final de Jesucristo. Amén.

15

Marzo

El Dios que da la paz levantó de entre los muertos al gran Pastor de las ovejas, a nuestro Señor Jesús, por la sangre del pacto eterno. Que él los capacite en todo lo bueno para hacer su voluntad. Y que, por medio de Jesucristo, Dios cumpla en nosotros lo que le agrada. A él sea la gloria por los siglos de los siglos. Amén.

HEBREOS 13:20−21

Señor nuestro Dios, oramos que por medio del Espíritu Santo nos concedas vivir en comunión contigo. Ayúdanos a seguir adelante una y otra vez, a crecer en fortaleza para seguir lo que es bueno y verdadero. Que tu bondad y tu gracia habiten en nuestro corazón para ayudarnos en todas las cosas prácticas. Concédenos que dondequiera que vivamos experimentemos algo del poder con que Jesucristo vivió y sufrió, por el cual murió pero vive otra vez. Que el mundo logre entender que tiene un redentor, y que le pertenece a él, para la gloria de tu nombre. Amén.

Marzo

Por lo tanto, le daré un puesto entre los grandes, y repartirá el botín con los fuertes, porque derramó su vida hasta la muerte, y fue contado entre los transgresores. Cargó con el pecado de muchos, e intercedió por los pecadores. ISAÍAS 53:12

Amado Padre que estás en el cielo, que recibamos tu Espíritu para ganar la victoria sobre nosotros mismos y sobre del mundo que nos rodea, no con nuestra brusquedad, violencia y clamor humanos, sino únicamente por medio de tu Espíritu en el nombre de Jesucristo. Ayuda a cada uno de nosotros en su situación particular. Todos sabemos que nos rodea mucha maldad, hay demasiada que debemos combatir. Pero, en el nombre de Jesús, queremos insertarnos directamente en el mundo, en cualquier sufrimiento destinado a nosotros, en medio de la maldad que todavía no ha sido vencida. En el nombre de Jesús avanzamos hacia la gran victoria, que llegará cuando todos los que gozan de tu alegría, te alabarán de todo corazón, oh Padre celestial. Amén.

17

Marzo

Jesús se dirigió entonces a los judíos que habían creído en él, y les dijo: «Si se mantienen fieles a mis enseñanzas, serán realmente mis discípulos; y conocerán la verdad, y la verdad los hará libres». JUAN 8:31-32

Amado Padre que estás en el cielo, concédenos ir a ti en el Espíritu. Por medio de tu Espíritu júntanos a muchas personas en el mundo en torno a nuestro Señor Jesucristo, el gran salvador de la humanidad. Que nuestros corazones sean verdaderamente libres, pues tú nos liberas de toda atadura a nuestra propia naturaleza, y al mundo que nos rodea. Como personas libres, que seamos guiados con seguridad en medio de angustia, temor, carencia, necesidad y muerte. Que seamos hijos felices, llamados por Jesucristo a la vida, hijos que no se desalientan por las dificultades, sino que luchan con alegría por tu reino hasta que pueda ser revelado al mundo entero. Amén.

18

Marzo

Y ser fortalecidos en todo sentido con su glorioso poder. Así perseverarán con paciencia en toda situación, dando gracias con alegría al Padre. Él los ha facultado para participar de la herencia de los santos en el reino de la luz. Él nos libró del dominio de la oscuridad y nos trasladó al reino de su amado Hijo, en quien tenemos redención, el perdón de pecados.

COLOSENSES 1:11−14

Amado Padre que estás en el cielo, te damos gracias. Siempre queremos estar listos para agradecerte en todo tiempo. Aguardamos con alegría por tu reino y esperamos la redención que nos liberará en lo profundo de nuestro ser, para alabanza, agradecimiento y honra de tu nombre. Permanece con muchas personas que vienen a ti con hambre y sed. Trae liberación a los de corazón fiel, y comunícales que el poder de tu reino está realmente presente aquí en la tierra con Cristo Jesús, nuestro Señor. Amén.

19

Marzo

Y sucederá que en el mismo lugar donde se les dijo: «Ustedes no son mi pueblo», serán llamados «hijos del Dios viviente». ROMANOS 9:26

Señor nuestro Dios, te damos gracias por habernos llamado hijos tuyos, un pueblo que te sirve aun con sufrimiento y tentación. Concede que la gracia de Jesucristo esté en nosotros, para que podamos salir victoriosos sobre todo lo que la vida nos pone en el camino, y podamos soportar el sufrimiento que rodea a tanta gente. Oh Señor nuestro Dios, nuestro único refugio, solo a ti podemos recurrir para dar fin al maligno y para abrir camino a la victoria de Jesucristo. Ese día nos gozaremos llenos de alegría como tu pueblo. Amén.

Luego oí en el cielo un gran clamor: «Han llegado ya la salvación y el poder y el reino de nuestro Dios; ha llegado ya la autoridad de su Cristo. Porque ha sido expulsado el acusador de nuestros hermanos, el que los acusaba día y noche delante de nuestro Dios. Ellos lo han vencido por medio de la sangre del Cordero y por el mensaje del cual dieron testimonio; no valoraron tanto su vida como para evitar la muerte». APOCALIPSIS 12:10–11

Señor nuestro Dios, en alabanza y agradecimiento esperamos por tu reino y el reinado de Jesucristo en tu reino. Nos regocijamos de que lo hayas hecho Señor, no solo del cielo, sino también de la tierra, donde conseguirá la victoria para toda la humanidad. Seremos justos y buenos y nos amaremos unos a otros, tendremos paz cuando todo se haga conforme a tu voluntad. Porque llegará el día cuando tu voluntad se hará en la tierra como en el cielo, tu voluntad se cumplirá del todo y en todas partes. Quédate con nosotros con tu Espíritu, para que nos mantengamos firmes como tus hijos, hasta que llegue el día en que saltaremos de júbilo: ¡Por encima de toda aflicción y dificultad! ¡Por encima del mal y la muerte! ¡Hasta ti Padre celestial! Alabado sea tu nombre. Gloria a Jesucristo nuestro salvador, a quien has enviado. Amén.

Hasta que desde lo alto el Espíritu sea derramado sobre nosotros. Entonces el desierto se volverá un campo fértil, y el campo fértil se convertirá en bosque. La justicia morará en el desierto, y en el campo fértil habitará la rectitud. El producto de la justicia será la paz; tranquilidad y seguridad perpetuas serán su fruto.

ISAÍAS 32:15−17

Señor nuestro Dios, anhelamos tu Santo Espíritu. Oramos para que nos unas en tu Espíritu, que seamos hijos de tu Espíritu, para que gobierne en toda nuestra vida. Hay tantas cosas a nuestro alrededor, que buscan instruirnos y afirman representar la verdad, que nos llenamos de temores a menos que solo tu Espíritu nos ayude. Tu Espíritu viene como ayudador y consolador: nos ayuda a encontrar el camino a seguir. Escúchanos, somos tus hijos, a quienes deseas guiar y ser nuestro salvador por medio de Jesucristo, nuestro Señor. Amén.

Marzo

Nos predestinó para ser adoptados como hijos suyos por medio de Jesucristo, según el buen propósito de su voluntad, para alabanza de su gloriosa gracia, que nos concedió en su Amado. EFESIOS 1:5–6

Amado Padre que estás en el cielo, concédenos venir ante ti como tus hijos. Concédenos venir a tu Espíritu, que nazca en nosotros algo de confianza y perseverancia para nuestra vida en la tierra. Que siempre seamos fieles y llenos de esperanza, trabajando y luchando no solo por lo terrenal, sino por la misión que nos has encargado para tu reino y su justicia. Permite que una nueva luz alumbre constantemente entre nosotros. Permite que muchos entiendan tu voz cuando les hablas, para que reciban valor. Deja que se escuche tu voz, para que la grandeza del evangelio, que nos hace hijos tuyos, sea proclamada a gente de toda clase. Amén.

Marzo

Así dice el Señor: «En el momento propicio te respondí, y en el día de salvación te ayudé. Ahora te guardaré, y haré de ti un pacto para el pueblo, para que restaures el país y repartas las propiedades asoladas». ISAÍAS 49:8

Señor nuestro Dios, protégenos en tu Espíritu. Fortalece nuestros corazones, especialmente cuando muchas veces tenemos que soportar sufrimiento, para que seamos firmes en la esperanza y podamos experimentar en cada ocasión un día de salvación. Protégenos en todo sentido. Acepta nuestra alabanza y agradecimiento, y permite que nuestros corazones se regocijen en lo que ya has hecho por nosotros. Queremos discernir cada vez más tus caminos, para agradarte como tus siervos. Amén.

Marzo

Pues la visión se realizará en el tiempo señalado; marcha hacia su cumplimiento, y no dejará de cumplirse. Aunque parezca tardar, espérala; porque sin falta vendrá.

HABACUC 2:3

Amado Padre que estás en el cielo, en silencio venimos ante ti y pedimos por tu Espíritu. Te lo pedimos, especialmente por el tiempo de espera que todavía se requiere de nosotros, mientras esperamos y luchamos para que tu luz entre en todos los corazones, y alumbre donde hay tanta muerte. No debemos desesperarnos por nuestra vida interior, incluso cuando la vida a nuestro alrededor parezca tragarnos con la furia de un torbellino sin salida. Pues tú nos guardarás. Oramos también para que nos cuides en momentos de tentación, para que siempre estemos bajo tu cuidado. Protégenos para que tengamos esperanza y alegría en ti, seguros de que tu propósito para todos nosotros es la vida verdadera: vida de lo alto y vida de resurrección. Amén.

Tan compasivo es el Señor con los que le temen como lo es un padre con sus hijos. Él conoce nuestra condición; sabe que somos de barro. SALMO 103:13–14

Señor nuestro Dios, Padre que estás en el cielo, misericordioso y todopoderoso Dios, te suplicamos que nos veas como tus hijos. Porque a pesar de todo, a todos se nos permite ser hijos tuyos, para alabarte por todo el bien que estás haciendo, y por todo lo que todavía quieres hacer por nosotros. Escucha nuestra oración cuando nos dirigimos a ti con alguna preocupación particular, pidiendo que se haga tu voluntad en nosotros, para que todo se haga conforme a tu buen propósito, que seamos alegres incluso en momentos graves y difíciles, y que nos mantengamos firmes en lo que has prometido. Amén.

Marzo

El Señor no tarda en cumplir su promesa, según entienden algunos la tardanza. Más bien, él tiene paciencia con ustedes, porque no quiere que nadie perezca sino que todos se arrepientan. 2 PEDRO 3:9

Amado Padre que estás en el cielo, te damos gracias de todo corazón por habernos dado tu vivificante promesa. Te agradecemos porque a través de tu promesa, una y otra vez nuestra fe puede recibir una visión más clara. Porque nos has prometido que al final, el gran día vendrá a conquistar el mundo entero y traerá salvación a todos los pueblos, para la gloria de tu nombre, como el Padre de todas las naciones. Fortalécenos en todo sentido, especialmente cuando experimentamos angustia y necesidad. Fortalece al enfermo y a los que son tentados. Que aguarden con expectación el cumplimiento de tu promesa, y vean llegar tu ayuda. Que tu nombre, Señor Dios, sea honrado entre nosotros. Que venga tu reino y se haga tu voluntad en la tierra como en el cielo. Amén.

Marzo

Todas las promesas que ha hecho Dios son «sí» en Cristo. Así que por medio de Cristo respondemos «amén» para la gloria de Dios. Dios es el que nos mantiene firmes en Cristo, tanto a nosotros como a ustedes. Él nos ungió, nos selló como propiedad suya y puso su Espíritu en nuestro corazón, como garantía de sus promesas.

2 CORINTIOS 1:20−22

Señor nuestro Dios, que das grandes promesas a la humanidad, y especialmente a tu pueblo, nos reunimos en tu presencia. Nos regocijamos ante ti, porque tu promesa es segura y tus obras serán reveladas para la gloria de tu nombre. Concédenos una fe inquebrantable en la gracia de Jesucristo. Concédenos una fe para aferrarnos firmemente, a pesar de toda maldad, para confiar en que tú estás gobernando y establecerás todo para bien. Señor nuestro Dios y Padre, clamamos a ti. Como el ciervo brama en busca de agua fresca, así nuestras almas claman a ti en este tiempo: «Padre nuestro que estás en el cielo, santificado sea tu nombre, venga tu reino, hágase tu voluntad en la tierra como en el cielo». Amén.

28

Marzo

Mis queridos hijos, les escribo estas cosas para que no pequen. Pero si alguno peca, tenemos ante el Padre a un intercesor, a Jesucristo, el Justo. Él es el sacrificio por el perdón de nuestros pecados, y no solo por los nuestros sino por los de todo el mundo.   1 JUAN 2:1–2

Señor Dios, te damos gracias por habernos dado la redención, la expiación que nos libera de todo mal, de todo lo que es temporal y perecedero, y que nos permite incluso ahora vivir en la eternidad. Permite que muchas personas sean conscientes de la grandeza y del poder liberador de la redención que nos has ofrecido. Que un pueblo nazca para ti, sirviéndote con luz en sus corazones, esperando la llegada futura de Jesucristo. Quédate con nosotros, fortalécenos y protégenos de todo engaño en este mundo. Porque queremos ser tus hijos, y nada más; siempre queremos de todo corazón esperar en ti. Amén.

29

Marzo

Yo lo libraré, porque él se acoge a mí; lo protegeré, porque reconoce mi nombre. Él me invocará, y yo le responderé; estaré con él en momentos de angustia; lo libraré y lo llenaré de honores. Lo colmaré con muchos años de vida y le haré gozar de mi salvación. SALMO 91:14–16

Señor nuestro Dios, amado Padre que estás en el cielo, nos volvemos de corazón a ti, porque conoces todas nuestras necesidades. Acudimos a ti, porque estás siempre dispuesto con tu ayuda, cuando estamos en aprietos y no sabemos qué hacer. Tú nos has dado sendas que podemos seguir con alegría porque tenemos un Señor: su autoridad y reinado nos hacen felices. Alabado sea tu nombre en todo tiempo. Que tu ayuda siempre nos acompañe, para que seamos hijos fieles, para la gloria de tu nombre en la tierra. Amén.

Marzo

Esperamos confiados en el Señor; él es nuestro socorro y nuestro escudo. En él se regocija nuestro corazón, porque confiamos en su santo nombre. Que tu gran amor, Señor, nos acompañe, tal como lo esperamos de ti.

SALMO 33:20–22

Señor Dios, te damos gracias por haberte manifestado en este mundo lleno de pecado, necesidad y opresión. Te damos gracias que podamos gozarnos en todo lo que has hecho, antes y después de la venida de Jesucristo, nuestro salvador en todo. A ti sea la alabanza y el agradecimiento. Nuestros corazones saltan de alegría por ti y por tus obras. Concédenos ser fieles hasta el final, victoriosos en todas las cosas por medio de tu Espíritu, quien nos ayuda y bendice en nuestro camino. Concede tu ayuda a todos los que te invocan y a quienes anhelan regocijarse en ti. Amén.

Marzo

También sabemos que el Hijo de Dios ha venido y nos ha dado entendimiento para que conozcamos al Dios verdadero. Y estamos con el Verdadero, con su Hijo Jesucristo. Este es el Dios verdadero y la vida eterna.

1 JUAN 5:20

Señor nuestro Dios, volvemos nuestros rostros a ti y suplicamos que vengas a nosotros, gente a menudo atormentada en esta tierra. Que encontremos la fortaleza en el Señor Jesucristo, por él la redención fue prometida a todos. Que al final tu reino se manifieste para que todo cambie para bien, aunque todavía no lo veamos. Que siempre honremos tu nombre por encima de cualquier otro, porque eres nuestro Padre y nos aferramos a tu gracia que nos permite llamarte Padre. En nuestros tiempos llenos de problemas, concédenos una fe perdurable en que tú traerás una nueva era, cuando al final el bien surgirá de toda aflicción. Concede que cada persona quebrantada y necesitada pueda experimentar tu ayuda, tu gracia y tu salvación, y que pueda saber que siempre nos rodean, si tan solo abrimos nuestros ojos para verlas y reconocerlas. Te agradecemos y te alabamos en todo tiempo. Amén.

Abril

I

Abril

Porque el Señor es bueno; para siempre es su misericordia,
y su fidelidad por todas las generaciones.

Señor Dios y Padre nuestro, te damos gracias por toda la luz que nos das y por toda tu ayuda amorosa, también en las cosas materiales. Venimos ante tu presencia y pedimos que nos des tu luz y tu guía constante en el camino que debemos seguir. Haz que lo celestial se revele en la tierra, para que podamos regocijarnos en las cosas buenas y hermosas que das a toda la humanidad. Padre nuestro, revela lo que está en el cielo y libera a las personas de su pecado y oscuridad, para que al final reconozcan tu gloria. Fortalece nuestra esperanza en este destino. Dirige y obra en muchos corazones para que, a través de ellos, tu gloria se proclame a todos. Amén.

2

Abril

Levanten los ojos al cielo; miren la tierra aquí abajo: como humo se esfumarán los cielos, como ropa se gastará la tierra, y como moscas morirán sus habitantes. Pero mi salvación permanecerá para siempre, mi justicia nunca fallará. ISAÍAS 51:6

Señor nuestro Dios, en ti queremos encontrar nuestra fortaleza, en ti queremos esperar incluso en estos tiempos. Nos regocija que el final se acerca, final que estás preparando, cuando tu justicia y salvación llegarán a la tierra conforme a tus promesas. Permanece con nosotros y la hermandad de creyentes que tenemos por medio de Cristo Jesús. Ayúdanos a estar alertas y danos nuevo ánimo una y otra vez, por más difícil que sea la vida. Queremos seguir viviendo y encontrar fortaleza en la gracia de Jesucristo, manteniéndonos fieles con alegría, sin quejarnos ni murmurar. Señor Dios, que tu nombre sea honrado, que venga tu reino y se haga tu voluntad en nosotros conforme a tu plan. Amén.

3
Abril

En los últimos días, el monte de la casa del Señor será establecido como el más alto de los montes; se alzará por encima de las colinas, y hacia él confluirán todas las naciones. Muchos pueblos vendrán y dirán: «¡Vengan, subamos al monte del Señor, a la casa del Dios de Jacob!, para que nos enseñe sus caminos y andemos por sus sendas».
ISAÍAS 2:2–3A

Amado Padre que estás en el cielo, te damos gracias porque contamos contigo y con la luz de tu Espíritu, que siempre nos da una nueva determinación para las tareas que nos pides. Te agradecemos porque podemos vivir, no solo en el presente transitorio, sino también en la eternidad, esperando con gozosa expectación hacia el futuro prometido a nosotros y a toda la humanidad. Guárdanos en tu Espíritu y ábrenos a cada una de tus verdades. Que seamos parte de aquel pueblo que es portador de la luz, una luz que mostrará el camino entre todas las luchas y tentaciones de la vida; entonces cada uno de nosotros sabrá día tras día que tú puedes ayudarnos, a nosotros y a todas las personas en el mundo, hacia una vida mejor por medio de tu Espíritu Santo. Amén.

4
Abril

Juan declaró: «Vi al Espíritu descender del cielo como una paloma y permanecer sobre él.... Yo lo he visto y por eso testifico que este es el Hijo de Dios».

JUAN 1:32, 34

Padre nuestro que estás en el cielo, que como hijos tuyos podamos recibir verdaderamente algo de ti, para unir nuestras vidas contigo en un vínculo vivo. Ayúdanos a superar todo lo que es malo y dañino. Que se nos permita colaborar para que cada vez más se acerque tu reino, que se haga tu voluntad, y que Jesucristo, tu hijo, sea reconocido como la luz del mundo, para la salvación de todos los pueblos y su liberación de toda maldad. Protégenos y concédenos que tu Espíritu permanezca con nosotros. Amén.

5

Abril

Solo en Dios halla descanso mi alma; de él viene mi esperanza. Solo él es mi roca y mi salvación; él es mi protector y no habré de caer. Dios es mi salvación y mi gloria; es la roca que me fortalece; ¡mi refugio está en Dios! Confía siempre en él, pueblo mío; ábrele tu corazón cuando estés ante él. ¡Dios es nuestro refugio!

SALMO 62:5–8

Amado Padre que estás en el cielo, te damos gracias por este día y por toda la amorosa bondad que derramas sobre nosotros. Que sigamos recibiendo tu ayuda y protección. Bendícenos en todo lo que podamos hacer para tu servicio, que siempre se haga con amor por todas las personas. Protégenos esta noche y quédate con nosotros. Que se haga tu voluntad en todo el mundo; que al final termine toda confusión, se destruya la obra de Satanás, y que tus hijos puedan gritar de júbilo que tu voluntad se está cumpliendo en la tierra como en el cielo. Amén.

6

Abril

Me propuse más bien, estando entre ustedes, no saber de cosa alguna, excepto de Jesucristo, y de este crucificado.

1 CORINTIOS 2:2

Señor nuestro Dios, Padre de todos nosotros, bendice nuestra comunidad en el nombre de nuestro salvador Jesucristo. Que tu Espíritu lleve a cabo lo que somos incapaces de hacer, para que experimentemos fortaleza y alegría, algo de la eternidad, y podamos hacer frente a la vida con toda su maldad, dolor y sufrimiento. Porque nos has llevado hacia ti, en espíritu, alma y cuerpo somos de otro mundo, más alto que este mundo terrenal y transitorio. Queremos permanecer fieles a este mundo de lo alto, para que tu alabanza brote de un corazón y una voz unidos, y que el nombre de Jesucristo nos alumbre y nos muestre el camino a todo lo verdadero y eterno. Amén.

Y yo le pediré al Padre, y él les dará otro Consolador para que los acompañe siempre: el Espíritu de verdad, a quien el mundo no puede aceptar porque no lo ve ni lo conoce. Pero ustedes sí lo conocen, porque vive con ustedes y estará en ustedes.   JUAN 14:16–17

Señor nuestro Dios y Padre, te damos las gracias por darnos tu Espíritu Santo, que nos une contigo. Danos siempre algo nuevo de este Espíritu, para que podamos seguir adelante con su luz, iluminando los caminos que debemos andar en la tierra. Concédenos tu Espíritu, que la luz irrumpa en toda nuestra vida y podamos regocijarnos por experimentar mucho de lo que estás haciendo. Porque, a través del poder de tu Espíritu, nos puedes ayudar hacia tu futuro y todo lo venidero, para que vivamos no solamente en el tiempo, sino en la eternidad. Amén.

8

Abril

«Porque ustedes tienen tan poca fe», les respondió. «Les aseguro que si tienen fe tan pequeña como un grano de mostaza, podrán decirle a esta montaña: "Trasládate de aquí para allá", y se trasladará. Para ustedes nada será imposible». MATEO 17:20

Señor nuestro Dios, te damos gracias por revelarnos tu reinado, que es para el bien de cada uno de nosotros. Cada uno volverá a ser lo que debemos ser, cuando nuestra fe se una con tu poder divino. Protege esta fe en nosotros, en medio de toda tentación y todo lo que todavía hay que sufrir en esta vida terrenal. Libéranos una y otra vez para una sola cosa: que tu reino nazca dentro y alrededor de nosotros, para alabanza y gloria de la verdad eterna que nos has dado en Cristo Jesús. Amén.

9

Abril

No los voy a dejar huérfanos; volveré a ustedes. Dentro de poco el mundo ya no me verá más, pero ustedes sí me verán. Y porque yo vivo, también ustedes vivirán. En aquel día ustedes se darán cuenta de que yo estoy en mi Padre, y ustedes en mí, y yo en ustedes. ¿Quién es el que me ama? El que hace suyos mis mandamientos y los obedece. Y al que me ama, mi Padre lo amará, y yo también lo amaré y me manifestaré a él.

JUAN 14:18–21

Señor nuestro Dios, amado Padre que estás en el cielo, nos reunimos en tu presencia por medio de Jesucristo, nuestro Señor. Revélanos a nuestro salvador Jesucristo. Que el Salvador se manifieste a nosotros, de no ser así nunca venceremos nuestra necesidad. Concede que en esta hora tardía para el mundo le podamos ver como él es, y, por medio de él y de su reino, nos elevemos por encima de las dificultades de nuestro tiempo. Fortalece nuestros corazones cada día; llénanos de alegría porque tú guías todo en la tierra como en el cielo; al final nos darás la victoria que pertenece al reino que has establecido. Que seamos consolados en este reino por toda la eternidad, un reino mucho más grande y glorioso que todos los reinos del mundo. Amén.

Abril

Porque ninguno de nosotros vive para sí mismo, ni tampoco muere para sí. Si vivimos, para el Señor vivimos; y si morimos, para el Señor morimos. Así pues, sea que vivamos o que muramos, del Señor somos. Para esto mismo murió Cristo, y volvió a vivir, para ser Señor tanto de los que han muerto como de los que aún viven.

ROMANOS 14:7-9

Señor Dios, únenos con Jesucristo, el que ha resucitado y está vivo. Únenos para que nuestras vidas se sumerjan completamente en tu voluntad a través de Jesucristo. Arráncanos y líbranos de todo lo que nos amarra a la tierra. Haz de nosotros un pueblo libre que siempre levante la cabeza y mire hacia arriba, porque se acerca nuestra redención. Dios todopoderoso, por más difíciles que sean los tiempos, confiamos en ti. Acuérdate de todas las naciones, porque tu voluntad es reunirlas en tu reino. Tú, oh Dios, eres nuestro socorro y nuestro refugio. En ti confiamos hasta el final. Amén.

II

Abril

Quien quiera servirme, debe seguirme; y donde yo esté, allí también estará mi siervo. A quien me sirva, mi Padre lo honrará. JUAN 12:26

Amado Padre que estás en el cielo, te damos gracias por este día y por la protección que nos has dado. Concede que encontremos nuestra alegría en tu gracia y en tu amor. Ayúdanos a ser fieles seguidores de Jesús, quien vino en tu amor. Ten misericordia de nosotros y ayuda a todos los que te pertenecen. Tú los conoces a todos, incluso los pensamientos de sus corazones. Tú conoces su lucha en la tierra y las tentaciones que los rodean. Ayuda a cada uno, incluso a los que todavía están lejos de ti. Dales corazones dispuestos para tu Palabra y para todo lo que has prometido. Nos encomendamos a tu cuidado en esta noche. Ayúdanos y bendícenos. Que se haga tu voluntad en todas las cosas, incluso en medio de todo pecado y sufrimiento en el mundo. Que se haga tu voluntad en la tierra como en el cielo, y que venga tu reino. Amén.

Abril

En cambio, nosotros somos ciudadanos del cielo, de donde anhelamos recibir al Salvador, el Señor Jesucristo. Él transformará nuestro cuerpo miserable para que sea como su cuerpo glorioso, mediante el poder con que somete a sí mismo todas las cosas.

FILIPENSES 3:20–21

Señor nuestro Dios, llévanos cerca de ti. Acércanos a la quietud de tu presencia, donde algo puede pasar en nosotros y en nuestro corazón. Ayúdanos a discernir tu reino en nuestros espíritus y nuestro derredor, para vivir en él. Entonces nuestra vida será como en el cielo, donde no necesitamos preocuparnos ni atormentarnos, donde tu poder es todo para nosotros, penetrando nuestra vida terrenal, que tanto nos agobia. Te damos gracias por preparar un camino de fortaleza, lleno de poder para mantenernos firmemente, para que incluso al tropezar no nos desviemos de la meta. Te damos gracias por todo el bien que viene de ti, que no podemos ver en las cosas terrenales, pero que puede inundar nuestros corazones con tanta fuerza y poder inspirador. Amén.

13

Abril

Enséñame a hacer tu voluntad, porque tú eres mi Dios. Que tu buen Espíritu me guíe por un terreno sin obstáculos.   SALMO 143:10

¡Señor nuestro Dios, altísimo y todopoderoso, cuyo Espíritu llena el cielo y la tierra! Te damos gracias por ser nuestro Padre, y porque en ti tenemos refugio dondequiera que vayamos, cuando te servimos en la tierra. Te agradecemos que tu vida se pueda revelar en nosotros, y pueda fluir a través de nosotros, para que el mundo sea bendecido por ti, nuestro Padre amoroso y cariñoso. Protégenos y fortalécenos en tiempos difíciles y dolorosos. Cuando viajamos en caminos nuevos, danos tu Espíritu para mostrarnos la senda, que todo nos lleve al bien y al honor tuyo. Padre, únenos a través de tu Espíritu en la esperanza inquebrantable de que al final tu voluntad se cumplirá, en la tierra como en el cielo. Concédenos regocijarnos en la certeza de que, pase lo que pase, nuestro camino es seguro y sin obstáculos por tu amor y fidelidad. Amén.

14

Abril

Entonces Jesús le dijo: «Yo soy la resurrección y la vida. El que cree en mí vivirá, aunque muera; y todo el que vive y cree en mí no morirá jamás. ¿Crees esto?»

JUAN 11:25—26

Amado Padre que estás en el cielo, todo te lo encomendamos a ti, porque nos has dado vida y nos llamarás a la resurrección. Tú ayudarás a tus hijos y a tu pueblo, para alcanzar su llamado. Protege a tu Iglesia en la tierra, que pronto vislumbre tu gloria, que vea a Jesucristo intervenir en las vidas y destinos de las personas, hasta que, perturbados y temblorosos, tengan que reconocer que deben amar y honrar solamente a Jesús, para honor tuyo, oh Padre del cielo. Te agradecemos por todo lo que nos has dado en tu Palabra, que hace posible volvernos tus hijos y encontrar tu camino para nosotros en el mundo. Bendícenos y danos al Espíritu Santo. Protégenos esta noche. Guárdanos, para que ningún mal nos pueda dañar. Amén.

15

Abril

Pero yo, Señor, en ti confío, y digo: «Tú eres mi Dios». Mi vida entera está en tus manos; líbrame de mis enemigos y perseguidores. Que irradie tu faz sobre tu siervo; por tu gran amor, sálvame. SALMO 31:14–16

Amado Padre que estás en el cielo, nos volvemos a ti. ¡Escucha nuestro anhelo, escucha nuestras esperanzas, escucha nuestra fe! Nuestro futuro descansa en tus manos. Libera a cada corazón del desaliento y la tristeza, de muchos males que hay en el mundo. Libéranos de las cosas terrenales; que seamos libres pero unidos en espíritu contigo, oh Dios. Ayúdanos en nuestro peregrinaje hacia la eternidad. Mientras caminamos contigo, llénanos de esperanza en que todo el mundo verá la luz, porque solo en ella podemos encontrar plenitud de vida. Protégenos y bendícenos por medio de tu Espíritu. Amén.

16

Abril

«Yo soy el camino, la verdad y la vida», le contestó Jesús.
«Nadie llega al Padre sino por mí. Si ustedes realmente
me conocieran, conocerían también a mi Padre. Y ya
desde este momento lo conocen y lo han visto».

JUAN 14:6−7

Señor nuestro Dios, venimos ante ti buscando
comunión contigo, pidiéndote guardarnos en tu verdad,
en medio de todo lo que nos ocupa en nuestra vida
diaria. Impide que nos confundamos sobre las verdades
que ya hemos encontrado, mediante el testimonio de
tu Espíritu en nuestros corazones. Guárdanos en tu
verdad, para que podamos mantenernos firmemente
en nuestra existencia terrenal, bajo las muchas cargas y
adversidades que tratan de desanimarnos. Ayúdanos a
ser constantes y encontrar el camino recto que nos lleva
hacia adelante y hacia tu destino final. Amén.

Abril

Por tanto es claro que queda un descanso sabático para el pueblo de Dios. Pues quien entra en su descanso, también él descansa de sus trabajos, al igual que Dios de los suyos. Esforcémonos, pues, por entrar en ese descanso, para que nadie caiga imitando aquella desobediencia.

HEBREOS 4:9–11 BJ

Amado Padre que estás en el cielo, te damos gracias por todo lo que has hecho por nosotros, por todo lo que recordamos cuando estamos en silencio por un momento y miramos hacia atrás. Que todo lo que has hecho permanezca vivo en nosotros, para que podamos mirar hacia adelante con la vista radiante y clara, conscientes de que nuestras vidas están en tus manos y que tú siempre nos guías a algo nuevo, grande y glorioso. Tú darás el descanso del día de reposo a tu pueblo, una y otra vez, a todos los que te reconocen y cuya tarea es trabajar para ti entre las naciones. Una y otra vez los guiarás a tu descanso, hasta que venga el último día del descanso glorioso, en que tu reino será establecido. Amén.

Abril

Conozco tus obras. Mira que delante de ti he dejado abierta una puerta que nadie puede cerrar. Ya sé que tus fuerzas son pocas, pero has obedecido mi palabra y no has renegado de mi nombre. APOCALIPSIS 3:8

Amado Padre que estás en el cielo, te agradecemos que nos conoces a todos y escudriñas lo más profundo de nuestro corazón, cuidándonos en todo lo que experimentamos, sea fácil o difícil. Te damos gracias que no nos quedamos solos, que escuchas el suspiro más pequeño de cada uno de tus hijos. Te damos gracias por hacer que las tinieblas se rindan ante la luz, la angustia ante la alegría, y el temor ante la fortaleza y el valor. Porque nos guías a través de todo; es lo que llevas a cabo desde tu mundo futuro — no al alcance de nuestra vista—, que nos da fortaleza y ánimo para resistir en medio de todo. Te damos gracias de corazón por tus dones infinitos; nos asombramos de que fue posible recibirlo todo de ti. Protégenos y guarda nuestra sencillez y confianza, para permanecer en la comunión que el Señor Jesús nos ha dado, cantando alabanzas a él, para honor y gloria de tu nombre. Amén.

Dando siempre gracias a Dios el Padre por todo, en el nombre de nuestro Señor Jesucristo. EFESIOS 5:20

Amado Padre que estás en el cielo, acepta las gracias que te damos hoy por todo lo que nos permites aprender y recibir de ti. Ayúdanos a tus hijos a seguir al Salvador con espíritu recto y entendimiento verdadero. Protégenos del mal y de todas las obras de Satanás. Que experimentemos tu poderío y tus maravillas en nuestra generación. En el nombre de Jesús oramos: manifiéstate con poder. Que se haga tu voluntad en la tierra como en el cielo, que todos puedan darse cuenta de que están en tus manos y que tu voluntad es restaurar todo. Quédate con nosotros esta noche. Bendícenos y fortalécenos para toda la obra que nos has encomendado. Amén.

Abril

Antes que me llamen, yo les responderé; todavía estarán hablando cuando ya los habré escuchado.

ISAÍAS 65:24

Nuestro gran Dios, todavía invisible pero tan evidente y cerca, te damos gracias porque obras en nosotros antes que pensemos pedirte. Te agradecemos por tomarnos de la mano y guiarnos antes que lo percibamos. Permanece así con nosotros y despierta nuestro corazón en el momento oportuno, para que no nos sorprendan las cosas dolorosas que experimentemos, sino que estemos preparados en todo momento para velar y orar, confiando que no estamos abandonados en la lucha constante sobre la tierra. Danos esperanza, oh Dios, que venga el día cuando toda persona escuchará la proclamación: «Vean, un cielo nuevo y una tierra nueva, porque ustedes han aprendido a buscar el honor de Dios en todo». Amén.

Abril

Aunque son muchos los que me combaten, él me rescata,
me salva la vida en la batalla que se libra contra mí.

SALMO 55:18

Amado Padre que estás en el cielo, permítenos venir ante tu presencia como tus hijos. Danos todo lo que necesitamos cada día, para que ya no nos enredemos en el tumulto de la vida, sino que podamos recibir tu paz. Porque tú nos cuidas como a tus hijos, y podemos seguir confiadamente entre todos los problemas de este tiempo, porque nuestro camino nos lleva a ti, eterno Padre celestial. Guárdanos de extraviarnos y malgastar nuestro esfuerzo en lo temporal y pasajero. Permite que tu luz nos fortalezca en lo que es del cielo, en lo que es eternamente verdadero para nuestras vidas. Amén.

Abril

Manténganse listos, con la ropa bien ajustada y la luz encendida. Pórtense como siervos que esperan a que regrese su señor de un banquete de bodas, para abrirle la puerta tan pronto como él llegue y toque.

LUCAS 12:35–36

Señor nuestro Dios, esperamos con expectación. Aun en la gran aflicción que existe en la tierra, esperamos con anhelo la llegada de tu día, cuando hayan pasado los dolores de la muerte, para que se manifieste tu reino y el reinado de Jesucristo se extienda sobre todo el mundo con poder y gloria. Que se cumpla tu promesa y se haga tu voluntad en la tierra. Que siempre haya gente que crea y ore con fe: «¡Señor Dios, ven! Ven, Señor Dios. La humanidad no entiende cómo vivir. Envíanos a Cristo Jesús, el salvador, Señor y juez de vivos y muertos. ¡Ponle fin al pecado y la muerte!». Te damos gracias por darnos esta fe y permitirnos orar en todo tiempo: «¡Ven, Señor Jesús. Sí, ven pronto, Señor Jesús!». Te pedimos protegernos en esta fe. Haz que esta fe se cumpla para la gloria de tu nombre. Amén.

23

Abril

¡Señor, espero tu salvación!   GÉNESIS 49:18

Señor nuestro Dios, ayúdanos en estos días que son tan difíciles para nosotros. Ayúdanos a nunca perder nuestra expectación por el tiempo venidero, el tiempo de Jesucristo, Señor del cielo y de la tierra. Fortalécenos, te lo pedimos, y fortalece a todos aquellos en el mundo que tienen que aguantar grandes sufrimientos, especialmente los desamparados y moribundos. Que multitudes de tus ángeles desciendan sobre muchas personas que están en desgracia, miseria y sufrimiento, para que tu nombre sea alabado en la vida y en la muerte, en todo lo que tenemos que experimentar. Porque te alabaremos, sin importar qué pase ahora o en los días por venir. Que tu gloria permanezca en nuestros corazones, con la alegría de que tú, oh Dios, eres el Padre de todos. Amén.

Esto ha venido a confirmarnos la palabra de los profetas, a la cual ustedes hacen bien en prestar atención, como a una lámpara que brilla en un lugar oscuro, hasta que despunte el día y salga el lucero de la mañana en sus corazones. 2 PEDRO 1:19

Señor Dios, te damos gracias por darnos luz aquí en la tierra, donde a menudo está totalmente oscuro. Pero en las tinieblas resplandece el nombre de Jesucristo como la palabra profética: «Reciban consuelo. ¡Después de la oscuridad viene la luz, después de la noche, el día!». Te damos gracias por esta luz. Te agradecemos con alegría, porque hemos experimentado que Jesús vive y acude al encuentro de cada persona, dándole la victoria sobre los poderes del enemigo. En el nombre de Jesucristo, y solo en su nombre, te pedimos recordar las necesidades de nuestro tiempo. No queremos nada que venga de nosotros mismos, no queremos ninguna paz terrenal. Queremos tu paz, Señor Dios; la paz que todo lo hace nuevo, que nace de nuevo aun en el sufrimiento, para la gloria eterna de tu nombre. Amén.

Al verlo, caí a sus pies como muerto; pero él, poniendo su mano derecha sobre mí, me dijo: «No tengas miedo. Yo soy el Primero y el Último, y el que vive. Estuve muerto, pero ahora vivo por los siglos de los siglos, y tengo las llaves de la muerte y del infierno».

APOCALIPSIS 1:17–18

Señor nuestro Dios, te agradecemos con todo el corazón, porque Cristo Jesús todavía vive hoy y podemos creer en él y llamarlo nuestro salvador. Te agradecemos por él, quien ve las profundidades de nuestra miseria humana y nos llama justo en medio de todo: «No tengas miedo. Estoy contigo. Yo vivo. Yo soy tu ayuda. No importa lo insignificante que seas, no temas, porque yo, Jesucristo, alumbro en toda oscuridad, hasta en las tinieblas del pecado y la muerte, y en todo juicio que ha caído o está por venir sobre todos lo habitantes de la tierra». ¡Alabado sea tu nombre, Señor nuestro Dios! Tú eres grande y todopoderoso más allá de nuestro entendimiento. Pero nos has enviado al Salvador, a quien podemos entender, y nos regocijamos por tener comunión con él en tu presencia. Amén.

26

Abril

¡Cuán bueno, Señor, es darte gracias y entonar, oh Altísimo, salmos a tu nombre; proclamar tu gran amor por la mañana, y tu fidelidad por la noche...!

SALMO 92:1–2

Te damos gracias, Señor nuestro Dios. ¡Cuánto bien has derramado sobre nosotros a lo largo de nuestras vidas! Y ¡cuánto debemos agradecerte cada día! Te damos gracias una y otra vez por sentir tu ayuda, y saber que tú puedes llenar nuestra vida terrenal con lo que es del cielo. Que venga tu reino sobre todo el mundo, porque toda la gente anhela fe y misericordia, y estarán reunidos en tu casa bajo la vara del buen pastor: Jesucristo. Cuídanos durante la noche. Que tu ayuda se extienda a los confines de todo el mundo. Apoya a quienes te invocan, aun cuando no entiendan cómo deben orar. Ayúdanos y concede que venga el Señor, para la gloria de tu nombre. Amén.

27

Abril

Cuando te llamé, me respondiste; me infundiste ánimo y renovaste mis fuerzas. SALMO 138:3

Amado Padre que estás en el cielo, te agradecemos que somos tus hijos y que tus ojos cuidan de nosotros y ven todo lo que hay en nuestro corazón. Tú escuchas la petición de cada corazón, y responderás en el momento oportuno. Extiende tu mano firme sobre nosotros, pues somos débiles y a menudo afligidos, sin saber qué hacer ni cómo encontrarte. Pero tú estás con nosotros en cada necesidad, a pesar de nuestras fallas y debilidades. Tú estás con nosotros y en medio de todo nos guías a la meta verdadera de nuestra vida, hasta que cada uno de nosotros pueda regocijarse por todo lo que has hecho, para alabanza de tu nombre, Padre nuestro. Amén.

28

Abril

Me has dado a conocer la senda de la vida; me llenarás de alegría en tu presencia, y de dicha eterna a tu derecha.

SALMO 16:11

Amado Padre que estás en el cielo, tú nos muestras el camino de la vida, en tu presencia hay plenitud de gozo, y a tu derecha siempre hay delicia. En tu presencia queremos regocijarnos juntos como tus hijos, bajo tu protección. Que seamos firmes en cada área de nuestra vida en la tierra. Haz que pronto algo de tu reino, de tu cielo, marque un círculo de bendición a nuestro alrededor, y nos permita seguir luchando con alegría y júbilo. Nos encomendamos a ti, nuestro fiel y amoroso Dios, y te damos gracias. Amén.

29

Abril

El Señor es refugio de los oprimidos; es su baluarte en momentos de angustia. En ti confían los que conocen tu nombre, porque tú, Señor, jamás abandonas a los que te buscan. SALMO 9:9–10

Señor nuestro Dios, esperamos en ti por nuestras muchas necesidades, en la aflicción de nuestro corazón, por la angustia de todo el mundo. Suplicamos que tu luz llegue a tu pueblo en todas partes de la tierra, para llevarles tu ayuda y victoria. Acuérdate de los desdichados, los enfermos y los pobres. Que tu fuerza viviente llegue a ellos, para que puedan aguantar sus sufrimientos y mantenerse alegres hasta el final. Acuérdate de todos, oh Señor nuestro Dios, porque todos necesitamos de ti. Somos débiles y pobres, y no podemos continuar solos; tu Espíritu debe ayudarnos. Que venga el Salvador, y que su gracia y poder nazcan en nuestros corazones. Amén.

Abril

Entonces se separó de ellos a una buena distancia, se arrodilló y empezó a orar: «Padre, si quieres, no me hagas beber este trago amargo; pero no se cumpla mi voluntad, sino la tuya».   LUCAS 22:41–42

Amado Padre que estás en el cielo, elevamos nuestros ojos a ti. Tú permites que los acontecimientos en la tierra sigan su propio curso, y hasta tu propio Hijo tuvo que sufrir y morir. Pero tu plan ya está preparado y tú actuarás en nuestro tiempo conforme a tu voluntad. Oramos: «¡Que se haga tu voluntad, tu voluntad!». En medio de todo sufrimiento, permite que tu amor se revele en muchos lugares, dondequiera que sea posible para la gente entenderlo. Tú siempre nos has protegido; continúa protegiéndonos. Tú has hecho mucho por nosotros y queremos alabar tu nombre. Queremos ser un pueblo que siempre te reconozca y alabe, porque tú nunca dejarás que se pierda ni uno solo que espera en ti. Quédate con nosotros esta noche, ayúdanos y danos la fuerza necesaria para servirte, también en nuestra vida diaria. Amén.

Mayo

I

Mayo

«Porque yo sé muy bien los planes que tengo para ustedes»
afirma el Señor, «planes de bienestar y no de calamidad,
a fin de darles un futuro y una esperanza».

JEREMÍAS 29:11

Señor Jesús, te miramos a ti sobre el trono al lado de tu Padre en el cielo, y te pedimos ser el Señor y la paz de nuestro corazón. Ayúdanos a dominarnos a nosotros mismos una y otra vez para permanecer en paz. Entonces, tu voluntad se cumplirá entre tus discípulos, nos rodeará una poderosa paz que se extenderá a todo el mundo, y tu nombre será glorificado en la tierra. Porque tú eres el Señor de la paz, y en ti esperamos. En tiempos difíciles, la fe y la esperanza se arraigarán en nuestros corazones con mayor profundidad y firmeza, para tu gloria Señor Jesús. Tú vendrás de repente, conforme a tu promesa, como el único que hace la voluntad de Dios entre todos los pueblos de la tierra. Amén.

Mayo

A ti, Señor, te pido ayuda; a ti te digo: «Tú eres mi refugio, mi porción en la tierra de los vivientes».

SALMO 142:5

Señor nuestro Dios, buscamos tu luz y te pedimos iluminarnos para vivir no solamente en la tierra sino en ti, el viviente eterno. Que nuestras vidas se acerquen a la eternidad, para alabanza de tu nombre, oh Padre. Que tomemos de corazón tu Palabra, para volvernos hombres y mujeres fieles y verdaderos, capaces de soportar todo en tu nombre, y permanecer en el amor que nos quieres dar. Incítanos a convertirnos en hombres y mujeres fieles y verdaderos al lado de Jesucristo nuestro salvador, quien ha sido paciente en todas las cosas con toda la gente. Permanece con nosotros en todo momento, Señor nuestro Dios. Tú eres nuestra ayuda y nuestro refugio. Amén.

Pero ¿cómo pueden ustedes atribuirse mérito alguno si soportan que los maltraten por hacer el mal? En cambio, si sufren por hacer el bien, eso merece elogio delante de Dios. Para esto fueron llamados, porque Cristo sufrió por ustedes, dándoles ejemplo para que sigan sus pasos.

1 PEDRO 2:20–21

Amado Padre que estás en el cielo, te damos gracias que el Salvador ha estado con nosotros en la tierra, y que en nuestro tiempo todavía le podamos seguir, y esperar por tu voluntad y soberanía. Porque tú eres el Dios todopoderoso, y tu reino debe venir, hacerse tu voluntad y cumplirse todas tus promesas. Te suplicamos que lleves a cabo tu voluntad; que establezcas tu reino entre todas las naciones, aunque hoy sea posible solamente en pocas. Porque por medio de tu obra se pueden cambiar los corazones, para que tu nombre sea alabado y se cumplan todas las promesas. Gracias por permitirnos vivir en una esperanza tan grande. Quédate con nosotros en nuestro trabajo en la tierra, para que se haga a tu servicio. En cada situación, profundiza nuestro anhelo para que venga el Salvador y establezca tu reino. Acompáñanos durante la noche y bendícenos con tu gran bondad y fidelidad. Amén.

«Yo mismo iré contigo y te daré descanso», respondió el Señor.   ÉXODO 33:14

Amado Padre que estás en el cielo, te agradecemos por guiarnos con poder de lo alto en todos nuestros caminos. Te damos gracias que una y otra vez nos has guiado en un camino de luz en medio de la oscuridad. Mirando hacia atrás, nos quedamos cortos con nuestra gratitud. Que nuestros corazones se vuelvan a ti y sean llenos de una certeza confiada sobre todas las cosas que todavía estamos esperando. Acuérdate de nosotros y de muchos que están bajo fuertes ataduras. Que llegue el tiempo cuando traerás una gran liberación a los que están en tinieblas. Entonces podremos encontrar un sentido para nuestras vidas en todo lo que pasa, sabiendo que has sido fiel en todo. Tú has hecho más de lo que pedimos, más de lo que podemos entender. Amén.

5
Mayo

Realmente yo, tu siervo, no soy digno de la bondad y fidelidad con que me has privilegiado. Cuando crucé este río Jordán, no tenía más que mi bastón; pero ahora he llegado a formar dos campamentos. GÉNESIS 32:10

Señor nuestro Dios, no somos dignos de toda la misericordia y fidelidad que nos has mostrado. Te damos gracias por tu amor y te pedimos mantener unidos nuestros corazones, en la esperanza que tenemos juntos por todas las cosas. Mantén unidos nuestros corazones, para que una y otra vez podamos recibir algo nuevo de tu mano poderosa. Guárdanos fieles al llamado que nos has dado. Que la luz alumbre en todo el mundo, directamente en los lugares oscuros. Acuérdate de aquellos en todo el mundo, quienes suspiran por ti, anhelando que, en tu grande y maravillosa bondad, la luz llegue mediante alguna obra tuya a los pueblos y las naciones. Amén.

6

Mayo

Oí una potente voz que provenía del trono y decía: «¡Aquí, entre los seres humanos, está la morada de Dios! Él acampará en medio de ellos, y ellos serán su pueblo; Dios mismo estará con ellos y será su Dios. Él les enjugará toda lágrima de los ojos. Ya no habrá muerte, ni llanto, ni lamento ni dolor, porque las primeras cosas han dejado de existir». APOCALIPSIS 21:3-4

Señor nuestro Dios, acudimos a ti y a Jesucristo nuestro salvador. Te pedimos que renueves continuamente tu gracia y tu poder en nuestras vidas. Renueva tu gracia y poder, para que tengamos luz aun en tiempos malos y de aflicción, y que por medio del Salvador podamos vencer, mientras esperamos fielmente por tu reino. Ayúdanos a estar dispuestos a hacer cualquier cosa por ti; a servirte en cuerpo y alma, con todo lo que somos y tenemos. Que pertenezcamos a las multitudes de los que salen a tu encuentro; que esperan tu reino venidero, el cual traerá consuelo al mundo y a toda persona que ahora sufre y llora. Oh Señor nuestro Dios, ten misericordia de nuestra época y nuestro mundo. Concede que con alabanza y agradecimiento pronto veamos las señales del cumplimiento de tus promesas. Amén.

¿Cómo sabemos que permanecemos en él, y que él permanece en nosotros? Porque nos ha dado de su Espíritu.   1 JUAN 4:13

Amado Padre que estás en el cielo, te damos gracias con todo el corazón, porque sabemos que nos sostienes con tu mano y nos guías en todos nuestros caminos, a pesar de toda contradicción, lucha, aflicción y confusión en nuestro interior. ¿Qué es todo esto en comparación con tu amor, que no nos abandona, sino que nos cuida y finalmente nos lleva a lo bueno? Libéranos de nuestras muchas cargas. Libera nuestros espíritus y nuestras almas, cada vez más hasta que no podamos hacer nada más que alabarte y agradecerte con el corazón, el alma y la fuerza, por todo lo que eres para nosotros. Amén.

Mayo

Dios es nuestro amparo y nuestra fortaleza, nuestra ayuda segura en momentos de angustia.... El Señor todopoderoso está con nosotros; nuestro refugio es el Dios de Jacob.
SALMO 46:1, 7

Señor, Dios todopoderoso del cielo y la tierra, concédenos venir ante ti como tus hijos. Porque nos has escogido por medio del evangelio, y Jesucristo nos ha conseguido la misericordia para que en ti tengamos refugio en tiempos malos y trastornados. Nos volvemos a tu Palabra, Señor Dios, regocijándonos que una y otra vez vuelva a tu Palabra toda la cristiandad. Fortalece a todos los que sirven a tu Palabra, que esperan en ti y en la gracia de Jesucristo. Concede que en todas partes tengamos esperanza y alegría en la redención que tú traerás a cada situación, también en nuestra vida práctica cotidiana. Concede que por esta redención la tierra proclame la alabanza y el honor de tu nombre, que venga tu reino y se haga tu voluntad en la tierra como en el cielo. Amén.

9

Mayo

Ya no será el sol tu luz durante el día, ni con su resplandor te alumbrará la luna, porque el Señor será tu luz eterna; tu Dios será tu gloria. ISAÍAS 60:19

Señor, nuestro Dios y Padre, te damos gracias que entre todo el sufrimiento y noche sobre la tierra, has permitido que amanezca tu esperanza, como una luz que alumbra a todo tu pueblo; a todos los que honran tu nombre, a todos los que viven en Jesucristo por medio del perdón de pecados y la resurrección a una nueva vida. Alabado sea tu nombre. Alabado sea Cristo Jesús. Alabado sea el Espíritu Santo, quien consuela, enseña y guía nuestros corazones. Oh Padre del cielo, nunca podremos agradecerte lo suficiente que nos permitas ser un pueblo lleno de gracia, lleno de esperanza y lleno de confianza, en que al final tu reino vendrá para traer salvación y paz al mundo entero. Amén.

Mayo

¡Quiera Dios que de Sión venga la salvación de Israel! Cuando el Señor restaure a su pueblo, ¡Jacob se regocijará, Israel se alegrará! SALMO 14:7

Señor nuestro Dios, nuestro Padre que estás en el cielo, bendícenos a todos los que estamos unidos en nuestra esperanza en ti y en la expectación de tu ayuda en esta tierra, donde la gente vive en toda clase de maneras insensatas. Bendice tu Palabra en nosotros. Concédenos tu Espíritu Santo para restaurar la vida y alegría en nuestros corazones, aun en medio de dolor y sufrimiento. Concédenos esto no solamente en la aflicción de todo el mundo, sino también en nuestras vidas mientras estemos aquí en la tierra. Que sean evidentes en todas partes las señales de tu ayuda, y que nos das una fortaleza en la que podemos confiar. Tú nos ayudas en todas las circunstancias de cada día y cada año, con novedad eterna. Por eso te damos gracias y alabamos tu nombre. Amén.

II

Mayo

Pues ustedes han muerto y su vida está escondida con Cristo en Dios. Cuando Cristo, que es la vida de ustedes, se manifieste, entonces también ustedes serán manifestados con él en gloria. COLOSENSES 3:3−4

Señor nuestro Dios, te damos gracias por crearnos una comunidad cuyo refugio y certeza es Jesucristo. Te agradecemos que él no quedará invisible ante nosotros para siempre; se revelará su vida, tal vez pronto, en nuestros tiempos. Señor Dios, ¡cuánto tiempo, cuánto tiempo han esperado tus hijos! Ahora se acerca una nueva era, el final de esta época, y nos regocijamos en esto aun si tú tienes que juzgar y castigar. Sin importar lo que pase, nosotros estamos en paz. Vivimos en tu futuro, el futuro de Jesucristo, en el gran día cuando la humanidad recibirá el Espíritu y sus antiguas obras lleguen a su fin. Quédate con nosotros, bendícenos esta noche y ayúdanos con lo que más tenemos en nuestros corazones. Tenemos tanto en nuestros corazones, pero tú ves todo y conoces nuestras necesidades. Señor Dios, tu gracia vencerá sobre todos los problemas terrenales y tu nombre será glorificado en la tierra, si solo existe una iglesia que cree y espera en verdad tu ayuda. ¡Alabado sea tu nombre! Amén.

Mayo

Le contestó Jesús: «El que me ama, obedecerá mi palabra, y mi Padre lo amará, y haremos nuestra vivienda en él». JUAN 14:23

Señor nuestro Dios, te damos gracias que podamos ser hijos de tu Espíritu. Te agradecemos que al llamarnos recibimos dones eternos que nos hacen mantenernos firmes, aun cuando nos agobian muchas cargas y tristezas. Porque tú eres nuestra vida, y en medio de toda oscuridad, incluso en la muerte, nos das luz, fortaleza y esperanza gozosa. Que se mantengan vivas en nosotros. Que una luz aún más brillante ilumine todo lo que has puesto en nuestros corazones, todo lo que nos acerca a ti diariamente. Amén.

13

Mayo

Porque Dios, que ordenó que la luz resplandeciera en las tinieblas, hizo brillar su luz en nuestro corazón para que conociéramos la gloria de Dios que resplandece en el rostro de Cristo. 2 CORINTIOS 4:6

Señor nuestro Dios, cuya luz resplandece en las tinieblas e ilumina intensamente nuestros corazones, te damos gracias por toda la bondad que nos permites experimentar. Queremos ver claramente tu bondad y tener confianza en ella, sin importar cuán oscuro y preocupante sea nuestro alrededor. Queremos mantenernos firmes y llenos de confianza, concentrándonos en lo que has sembrado en nuestros corazones, para que lleguemos a conocerte. Permanece con nosotros con tu Espíritu. Guíanos a darnos cuenta, cada vez con mayor claridad, de que fuimos creados para tu honra. Amén.

14

Mayo

En consecuencia, ya que hemos sido justificados mediante la fe, tenemos paz con Dios por medio de nuestro Señor Jesucristo. También por medio de él, y mediante la fe, tenemos acceso a esta gracia en la cual nos mantenemos firmes. Así que nos regocijamos en la esperanza de alcanzar la gloria de Dios. ROMANOS 5:1–2

Señor nuestro Dios, todopoderoso y santo, tu gloria resplandece en la tierra, para que encontremos alegría en ti y vivamos regocijándonos en tu amorosa bondad, extiende tus manos para bendecir a todas las naciones. Extiende tu bendición sobre los alegres y los tristes, los valientes y los débiles. Cuídalos en tu amor, en la gran gracia que has dado por medio de Cristo Jesús, confirmada en nosotros por el Espíritu Santo. No nos dejes permanecer degradados y sin valor. Eleva nuestros corazones por encima de lo temporal, porque tú nos has dado algo eterno para vivir. Ayúdanos cada día para que podamos alcanzar la meta que has establecido para nosotros, para muchos más, y finalmente para todos los pueblos de la tierra. Amén.

15

Mayo

*Reconozcan que el Señor es Dios; él nos hizo, y somos
suyos. Somos su pueblo, ovejas de su prado.*

SALMO 100:3

Padre que estás en el cielo, que reconozcamos y
declaremos que tú eres Dios. Tú nos has creado, no
nosotros mismos, para ser tu pueblo y las ovejas de
tu prado. Bautízanos con la verdad que necesitamos
durante toda la vida. Danos el don para discernir
quiénes somos y qué debemos ser. Libera nuestros ojos
de toda falsedad, para que dejemos de engañarnos con
las cosas temporales y terrenales. Abre nuestros ojos
para ver lo eterno en nosotros y en nuestro derredor.
Haznos niños, niños verdaderos, que se despiertan
con júbilo y regocijo ante todo lo que es inocente, y
te agradecen, Oh Dios, Padre, Hijo y Espíritu Santo.
Amén.

16

Mayo

Y esta es la vida eterna: que te conozcan a ti, el único Dios verdadero, y a Jesucristo, a quien tú has enviado.

JUAN 17:3

Señor Dios, te damos gracias por revelarnos la vida en Jesucristo. Concédenos entrar en esta vida, por medio de la gracia que nos has dado, al reconocer que Jesucristo es nuestro Señor, para creer en él, y para esperar por todo el bien que vendrá como fruto de su sufrimiento y resurrección. Que la gloria del Jesús vivo se revele a los muertos en todo el mundo, y que hasta los muertos e incrédulos se despierten para ver su vida. Guárdanos fieles en lo que nos has dado. Fortalece nuestra fe y resistencia en todas nuestras pruebas. Que pronto tu nombre sea honrado entre todos los pueblos, para que cese el odio, y que el cambio de corazones y de pensamientos anuncien la llegada de tu gran día. Protégenos esta noche. Bendícenos y ayúdanos una y otra vez como has prometido. Amén.

Mayo

Por lo tanto, ya que en Jesús, el Hijo de Dios, tenemos un gran sumo sacerdote que ha atravesado los cielos, aferrémonos a la fe que profesamos. Porque no tenemos un sumo sacerdote incapaz de compadecerse de nuestras debilidades, sino uno que ha sido tentado en todo de la misma manera que nosotros, aunque sin pecado.

HEBREOS 4:14−15

Amado Padre que estás en el cielo, acudimos a Jesucristo, quien está a tu derecha y por quien has prometido dar ayuda a todo el mundo. Únenos con él para poder recibir autoridad y ayudar a toda persona conforme a tu voluntad. Que mantengamos la santidad de tu nombre entre nosotros, porque tus hijos tienen muchas razones para regocijarse en el salvador que nos has dado. Te damos gracias por todo lo que has mostrado a los que creen en ti. Te pedimos apurar el tiempo cuando tu día llegue con gloria, el día cuando glorificarás a Jesucristo, cuando él reine y triunfe sobre todo mal y lleve la paz que siempre has querido dar al mundo. Nosotros lo esperamos y anhelamos. Amén.

18

Mayo

El Espíritu que los adopta como hijos y les permite clamar: «¡Abba! ¡Padre!» El Espíritu mismo le asegura a nuestro espíritu que somos hijos de Dios. Y si somos hijos, somos herederos; herederos de Dios y coherederos con Cristo, pues si ahora sufrimos con él, también tendremos parte con él en su gloria. Romanos 8:15b–17

Señor nuestro Dios, Padre de todos nosotros, concédenos saber algo de ti en nuestro corazón. Cada uno de nosotros es diferente, con necesidades distintas, pero todos somos tus hijos y todos debemos volvernos hijos de tu Espíritu. Entonces, incluso en las dificultades de la vida, en muchas luchas, tentaciones y tristezas, podemos mantener nuestra valentía y permanecer en el Espíritu, quien es victorioso en cada área de la vida. Protégenos y fortalécenos en todos nuestros caminos. Te alabamos por todo lo que has hecho y por toda la ayuda que nos has dado. Amén.

19

Mayo

¡Cuánto te amo, Señor, fuerza mía! El Señor es mi roca, mi amparo, mi libertador; es mi Dios, el peñasco en que me refugio. Es mi escudo, el poder que me salva, ¡mi más alto escondite! Salmo 18:1–2

Señor nuestro Dios, te damos gracias por las tantas veces que nos hemos sentido cerca de ti. Te agradecemos por estar cerca de nosotros y por fortalecer a los débiles. Acuérdate de nosotros y danos a cada uno la ayuda necesaria para ser fieles a tu llamado. Acuérdate de toda la humanidad y concede que avancemos en espíritu y en verdad. Da nueva luz a los pueblos que todavía están en gran oscuridad. Que al final se revele tu reino y tu señorío, y tu nombre sea honrado por todos. Amén.

Mayo

Esto es bueno y agradable a Dios nuestro Salvador, pues él quiere que todos sean salvos y lleguen a conocer la verdad.   I TIMOTEO 2:3–4

Señor nuestro Dios, te pedimos que nos des tu Espíritu, que aprendamos a entender quiénes somos y cuáles son las tareas que nos encomiendas. Te agradecemos por toda la luz que nos das. Concede que nosotros y muchos otros lleguemos al conocimiento de la verdad, y tengamos paz respecto a todo lo que está bajo tu dominio, nuestro Padre celestial. Guárdanos con tu mano poderosa ahora y siempre. Que experimentemos tu bondad y la bendición que viene con ella. Porque en tu bondad podemos soportar hasta los días más difíciles y tener la victoria en la batalla de la vida. Amén.

Mayo

A la verdad, no me avergüenzo del evangelio, pues es poder de Dios para la salvación de todos los que creen: de los judíos primeramente, pero también de los gentiles. De hecho, en el evangelio se revela la justicia que proviene de Dios, la cual es por fe de principio a fin, tal como está escrito: «El justo vivirá por la fe».   ROMANOS 1:16–17

Señor nuestro Dios, tú nos has revelado tu justicia en el evangelio, la justicia que nos llega por medio de la fe y continúa en la fe. Concede que entendamos tu justicia y vivamos por ella, aun en una generación perversa. Entonces, para nuestra alegría, el evangelio dará su fruto. Protégenos en medio de la tentación y las opiniones contradictorias, para que las superemos y permanezcamos libres, con nuestros pensamientos en ti y en tu justicia amorosa y verdadera. Tu justicia nos da esperanza por muchas, muchísimas personas que todavía necesitan ayuda, para entender que sus vidas no son de valor pasajero, sino de valor eterno. Amén.

22

Mayo

Proclamaré tu nombre a mis hermanos; en medio de la congregación te alabaré. SALMO 22:22

Señor nuestro Dios, Padre todopoderoso que estás en el cielo, nos presentamos ante ti como tus hijos, a quienes quieres proteger en medio de la necesidad de nuestra época, en medio de todo pecado y muerte. Te alabamos por darnos tanta paz en una época llena de problemas, y por otorgarnos la certeza de tu ayuda. Aun cuando sufrimos, no queremos quedarnos en la oscuridad del sufrimiento, sino levantarnos para alabarte y glorificarte. Porque tu reino se acerca; ya está por llegar. Tu reino nos consuela, nos ayuda y nos indica el camino para todo el mundo, para que se haga tu voluntad en la tierra como en el cielo. Amén.

23

Mayo

*Ellos no son del mundo, como tampoco lo soy yo.
Santifícalos en la verdad; tu palabra es la verdad.*

JUAN 17:16–17

Amado Dios y Padre de todos nosotros, santifícanos
en tu verdad. Tu Palabra es la verdad. Venimos ante tu
presencia y te pedimos que nos toques con tu Espíritu,
para moldear nuestras vidas en la verdad y en la alegría
de tu nombre. Tócanos con tu Espíritu, para poder
llevar a cabo nuestro trabajo para tu servicio. Que tu
rostro alumbre en nosotros y en todas las personas
necesitadas que acuden a ti. Que tu poder sea impartido
aun más plenamente, y que tu causa sea engrandecida
en el mundo, hasta que al final lleve vida nueva a todas
las naciones. Amén.

24

Mayo

El Espíritu del Señor está sobre mí, por cuanto me ha ungido para anunciar buenas nuevas a los pobres. Me ha enviado a proclamar libertad a los cautivos y dar vista a los ciegos, a poner en libertad a los oprimidos, a pregonar el año del favor del Señor. LUCAS 4:18–19

Te damos gracias, amado Padre que estás en el cielo, por las muchas veces que nos permites experimentar que no debemos perder las esperanzas por causa de la oscuridad, la debilidad ni la enfermedad. Tú escuchas los deseos de nuestros corazones. Cuando amamos al Salvador y alabamos su nombre, tú nos amas por causa de lo que nosotros amamos. Permítenos seguir en este espíritu. Ven a nosotros con muchas pruebas de tu poder, para gloria de tu nombre. Hazte presente en el silencio interior del corazón, por el que podemos entender lo que significa que tú eres nuestro Padre en Jesucristo. Amén.

25

Mayo

Fiel es Dios, quien los ha llamado a tener comunión con
su Hijo Jesucristo, nuestro Señor. <small>1 CORINTIOS 1:9</small>

Señor nuestro Dios, nos presentamos ante ti y nos
regocijamos en que podemos tener comunión contigo
por medio del Señor Jesucristo. Concédenos la luz de
tu Espíritu. Dale a nuestros corazones la fortaleza para
la vida. Abre para nosotros los caminos de la vida, para
que encontremos alegría y esperanza, a pesar de todo
el sufrimiento que debemos experimentar en la tierra.
Que toda la humanidad sea encomendada a tu cuidado.
Condúcela con tu poder, se den cuenta o no, y toma la
historia del mundo en tus manos, para que todos sus
habitantes reciban tu misericordia. Amén.

Mayo

Dichosos los pobres en espíritu, porque el reino de los cielos les pertenece.　　　MATEO 5:3

Amado Padre que estás en el cielo, te damos gracias por querer darnos felicidad y sostener con la firmeza de tus manos nuestra vida terrenal. Que tengamos la confianza de estar bajo tu cuidado. Concédenos la luz de la fe, y que esta luz nos guíe en los asuntos materiales, y nos ayude a esperar con paciencia hasta que se abran las puertas para nosotros y podamos entrar según tu deseo. Bendícenos a todos; bendice nuestra vida. Que nos volvamos alegres y libres de corazón por medio de todo lo que nos da Cristo Jesús. Que tu obra divina y tu amor paternal nos eleven y apoyen durante toda nuestra vida, sobre el fundamento que Jesús ha establecido para nosotros. Amén.

27
Mayo

Que la gracia del Señor Jesucristo, el amor de Dios y la comunión del Espíritu Santo sean con todos ustedes.

2 CORINTIOS 13:14

Señor nuestro Dios, nuestro Padre que estás en el cielo, te damos gracias por permitirnos recibir tanto bien en todas las circunstancias en la tierra. Te agradecemos que podemos estar alegres a pesar de nuestras fallas, errores y preocupaciones. Tú nos bendices con dones celestiales, para poder caminar regocijándonos en la tierra, como si estuviéramos en el cielo. Mantén vivos en nosotros los dones de tu Espíritu. Mantén vivo en nosotros todo lo que Jesucristo era, todo lo él es y todo lo que será en la tierra para toda la humanidad. Amén.

28

Mayo

Todos ustedes son hijos de la luz y del día. No somos de la noche ni de la oscuridad. No debemos, pues, dormirnos como los demás, sino mantenernos alerta y en nuestro sano juicio. I TESALONICENSES 5:5–6

Amado Padre que estás en el cielo, te damos gracias porque podemos ser tus hijos. Te agradecemos que por medio de tu Espíritu nuestros corazones pueden entender que somos tus hijos. Aun cuando todo a nuestro alrededor se vuelve difícil y somos asediados por la oscuridad, seguimos siendo tus hijos. Aun cuando a menudo no vemos cómo continuar y parece que nos despojan de todo, no dejamos de ser tus hijos. Incluso cuando el pecado y la muerte nos rodean y nos acusan de estar equivocados, todavía somos tus hijos. Como hijos tuyos nos encomendamos en tus manos. En toda nuestra vida, en todo nuestro trabajo y actividades, vivimos de lo que recibimos de ti y nos regocijamos en Cristo nuestro salvador. Amén.

Pero Dios, que es rico en misericordia, por su gran amor por nosotros, nos dio vida con Cristo, aun cuando estábamos muertos en pecados. ¡Por gracia ustedes han sido salvados! Y en unión con Cristo Jesús, Dios nos resucitó y nos hizo sentar con él en las regiones celestiales.

EFESIOS 2:4–6

Señor nuestro Dios, te damos gracias por permitirnos experimentar tu poder. Te agradecemos que no necesitamos estar ocupados solamente con las cosas materiales. Te damos gracias que tu Espíritu viene en nuestra ayuda una y otra vez. Concédenos continuar recibiendo tu ayuda, y permite que muchos corazones descubran que una gracia es que, en el espíritu, podamos andar en el cielo, incluso durante esta vida pasajera con todos sus necios caminos. Podemos decir con total seguridad que todo tormento y agobio pasará; ya está sucediendo, y nosotros seguimos con alegría y confianza hacia tu reino, que aumenta continuamente en poder. Amén.

Mayo

Alaba, alma mía, al Señor; alabe todo mi ser su santo nombre. Alaba, alma mía, al Señor, y no olvides ninguno de sus beneficios. Él perdona todos tus pecados y sana todas tus dolencias.   SALMO 103:1–3

Señor nuestro Dios, oh Santísimo, te damos gracias porque podemos dejar a un lado nuestra propia naturaleza y ser elevados en espíritu por encima de todo lo temporal y humano, y tener alegría en ti. A pesar de toda la maldad que nos rodea, pese al inmenso sufrimiento de la humanidad, todavía podemos regocijarnos en ti, en todo lo que haces y en todo lo que todavía harás por nosotros. Concédenos seguir regocijándonos, compartiendo juntos la alegría, ayudando en vez de agobiar a los demás, hasta que este mundo se llene con el júbilo de aquellos que has bendecido tan espléndidamente. Perdona todos nuestros pecados. Sana nuestro cuerpo y mente. Libéranos de toda la corrupción que trata de dominar nuestras almas. Amén.

31

Mayo

Permanezca en ustedes lo que han oído desde el principio, y así ustedes permanecerán también en el Hijo y en el Padre. Esta es la promesa que él nos dio: la vida eterna.

1 JUAN 2:24—25

Señor nuestro Dios, deseamos encontrar alegría en ti y en todas tus promesas. Porque has prometido que en medio de todo dolor y tristeza, estás preparando en cada corazón lo que te agrada y sirve para tu honra. Que experimentemos en nuestras vidas el cumplimiento de muchas de tus promesas, para que una y otra vez podamos continuar con alegría, superando momentos y situaciones difíciles. Ten misericordia de nosotros y protégenos con tu poder. Amén.

Junio

I

Junio

El pan de Dios es el que baja del cielo y da vida al mundo.

JUAN 6:33

Amado Padre que estás en el cielo, nosotros confiamos en tu Palabra, en tu Palabra de vida eterna, que nos fue dada en Jesucristo, nuestro salvador. Sobre esta Palabra de vida edificamos en estos días, cuando parece que todo pierde fuerza y valor. Todavía existe mucho anhelo en los corazones humanos. Tú nunca dejarás que nuestra esperanza se decepcione. Lo que has dicho debe cumplirse. Lo que Cristo Jesús prometió, se cumplirá, no solamente para unos pocos sino para todo el mundo, por el que murió y resucitó de la muerte. Quédate con nosotros. Haz que nos mantengamos plenamente vivos, tanto que nuestras vidas reflejen toda la bondad que se nos permite experimentar, y que derrotemos todo el mal que trate de atacarnos. Te agradecemos por llamarnos a la vida y por renovarnos una y otra vez. Alabado sea tu nombre entre nosotros para siempre. Amén.

2

Junio

¡Alaba, alma mía, al Señor! Señor mi Dios, tú eres grandioso; te has revestido de gloria y majestad. Te cubres de luz como con un manto; extiendes los cielos como un velo. SALMO 104:1–2

Señor nuestro Dios, nuestro Padre que estás en el cielo, queremos agradecerte con todo nuestro corazón por darnos alegría en la tierra y por enviarnos del cielo tu resplandeciente luz. Te alabamos por la luz que das a nuestros corazones, luz que nos permite encontrar juntos gran alegría, porque nos hace uno en ti, uno en tu Espíritu y uno en la espera de tu bondad prometida. Concédenos ser tus hijos, siempre encontrando caminos donde tú nos acompañas y nos das lo que nosotros mismos no podemos. Que nuestra vida entera te glorifique y cada respiro te pertenezca. En comunión contigo, permanecemos bajo tu protección en cuerpo, alma y espíritu. Por todo lo que has hecho y por todo lo que harás por nosotros, te pedimos aceptar nuestro agradecimiento. Amén.

3

Junio

Él vino y proclamó paz a ustedes que estaban lejos y paz a los que estaban cerca. Pues por medio de él tenemos acceso al Padre por un mismo Espíritu.

EFESIOS 2:17−18

Amado Padre que estás en el cielo, te damos gracias por toda tu bondad y por la paz que nos das. Oramos que nos unas como tu pueblo; únenos como un solo pueblo, con todos tus hijos que han vivido a través de los siglos, como un pueblo con todos los que quieren servirte. Cuanto más fidelidad y alegría tenemos como tu pueblo, más bendiciones podemos recibir de ti. Que el mundo material quede bajo tu mano. A nosotros tus hijos, guíanos en la tierra y dirígenos de tal manera que podamos ayudar a otros. Cuando sufrimos, danos fortaleza y entendimiento de tu voluntad. Protégenos hoy y cada día. Amén.

4

Junio

El gran amor del Señor nunca se acaba, y su compasión jamás se agota. Cada mañana se renuevan sus bondades; ¡muy grande es su fidelidad! Por tanto, digo: «El Señor es todo lo que tengo. ¡En él esperaré!».

LAMENTACIONES 3:22-24

Amado Padre que estás en el cielo, te damos gracias por guiarnos a tus hijos, aquí en la tierra. Te agradecemos que pase lo que pase con nosotros, podemos tener alegría, una y otra vez, porque nos das lo que es bueno, aun cuando los tiempos son malos y cuando atravesamos por dolor y aflicción. Te damos gracias que tu bondad y fidelidad lo penetran todo, y que al fin, por fin, penetran nuestros corazones. Entonces podemos saber y regocijarnos que es tu Espíritu quien nos guía; podemos estar seguros que nunca estamos solos, sino que podemos recibir fortaleza para ayudarnos en la lucha y el arduo trabajo de la vida. Todo se hace fructífero por medio de tu ayuda: bien y mal, vida y muerte, salud y sufrimiento. Todo debe servirte mediante la obra de tu Espíritu. Amén.

5

Junio

¡Dios es mi salvación! Confiaré en él y no temeré. El Señor es mi fuerza, el Señor es mi canción; ¡él es mi salvación!

ISAÍAS 12:2

Amado Padre que estás en el cielo, te damos gracias por estar tan cerca de nosotros y que podamos estar cerca de ti. Te agradecemos que, durante todos nuestros días, podamos ser gente que te escucha con todo el corazón y la mente, gente que escucha y que puede recibir lo que es bueno y verdadero para nuestras vidas, y que puede dar testimonio del poder que tú nos das por medio del Salvador. Protégenos en todas las cosas. Escudriña nuestro corazón y considera la situación de cada uno de nosotros, donde todavía hay mucha imperfección y confusión. Líbranos del mal, porque tuyo será el reino y de ti vendrá el poder. Tu gloria resplandecerá en nuestras vidas, y te daremos alabanza y agradecimiento por toda la eternidad. Amén.

6

Junio

Oh Señor, por siempre cantaré la grandeza de tu amor; por todas las generaciones proclamará mi boca tu fidelidad. Declararé que tu amor permanece firme para siempre, que has afirmado en el cielo tu fidelidad.

SALMO 89:1-2

Señor nuestro Dios, recógenos y júntanos en un rebaño para alabarte con un corazón y una voz. Que esta alabanza resuene en la tierra, en medio de todos los males que todavía nos enfrentan. Te agradecemos tu protección, por toda la ayuda y la liberación que nos das. Te damos gracias por la esperanza que pones en nuestros corazones. Agradecemos la esperanza en que todavía veremos grandes proezas hechas por obra de tu Espíritu, para nosotros tus hijos y para todos los pueblos y naciones. Porque tu amor no descansará, hasta que la vida en la tierra quede en tus manos y todos se regocijen. Amén.

7

Junio

Señor, tú has sido nuestro refugio generación tras generación. Desde antes que nacieran los montes y que crearas la tierra y el mundo, desde los tiempos antiguos y hasta los tiempos postreros, tú eres Dios. SALMO 90:1-2

Señor nuestro Dios, nuestro refugio eterno, bendícenos a quienes nos hemos reunido en tu presencia, y acudimos a ti en toda aflicción, no solo por necesidad personal sino también por la aflicción de las naciones y pueblos del mundo entero. Concédenos ser tus hijos, con una fe sencilla, que nos da la fuerza para seguir trabajando, aun cuando la vida sea difícil. Te agradecemos por darnos tanta gracia, por ayudarnos y nunca abandonarnos, para que podamos encontrar alegría, glorificarte y alabarte una y otra vez, Padre nuestro. Alabado sea tu nombre arriba en el cielo y abajo entre nosotros. Alabado sea tu nombre entre toda la gente alrededor del mundo; que todos en la tierra te reconozcan y reciban de ti todo lo que necesitan. Amén.

8

Junio

El futuro de los justos es halagüeño; la esperanza de los malvados se desvanece. PROVERBIOS 10:28

Señor nuestro Dios, día y noche te esperamos. Creemos en ti y anhelamos tu justicia. Tú darás respuesta a nuestra oración; bendícenos, te lo pedimos. Que tu nombre sea santificado y que venga tu reino. Oh Señor nuestro Dios, que se haga tu voluntad entre las naciones. Que se haga tu voluntad en cada uno de nosotros y que sea evidente para todos, como lo es en el cielo. Considera las naciones y protege a toda la humanidad. Que se abra un camino nuevo, para que la paz que sobrepasa todo entendimiento pueda venir; una paz que proviene de ti, el Señor nuestro Dios. Amén.

9

Junio

Porque el Señor tu Dios está en medio de ti como guerrero victorioso. Se deleitará en ti con gozo, te renovará con su amor, se alegrará por ti con cantos. sofonías 3:17

Señor nuestro salvador, tú eres nuestro Señor y nuestro ayudador. Revélate una y otra vez en nuestros corazones como el Salvador, que es fuerte para ayudarnos aun en tiempos difíciles. Acuérdate de mucha gente que te anhela; guíalos hacia la protección del Dios todopoderoso; incluso si sufren dolor y aflicción y tienen que experimentar temor y ansiedad, incluso si mueren; Señor Jesús, tú eres ayuda y consuelo. En todo lo que la vida nos trae, te revelarás como el que hace la voluntad de Dios y la lleva a cabo para nosotros en la tierra. Amén.

Junio

Dios nos tenga compasión y nos bendiga; Dios haga resplandecer su rostro sobre nosotros, para que se conozcan en la tierra sus caminos, y entre todas las naciones su salvación. SALMO 67:1–2

Señor, Dios todopoderoso, tú eres nuestro Padre y nosotros somos tus hijos, quienes queremos vivir para ti por medio de Jesucristo nuestro Señor. Fortalece y renueva nuestros corazones. Cuando el temor y el desánimo tratan de engañarnos, que tu Santo Espíritu nos ayude a resistir una y otra vez, porque no importa qué dificultades nos enfrenten, se cumple tu voluntad y tu voluntad es buena. Tu nombre será honrado; tu reino vendrá a todas las naciones, tu reinado se extenderá sobre todos los pueblos, porque te pertenecen y deben reconocer que Jesucristo es el Señor, para honor tuyo, oh Padre. Amén.

II

Junio

Tu amor, Señor, llega hasta los cielos; tu fidelidad alcanza las nubes...¡cuán precioso, oh Dios, es tu gran amor! Todo ser humano halla refugio a la sombra de tus alas.

SALMO 36:5, 7

Señor nuestro Dios, volvemos nuestra mente y corazón a ti. Ven a nosotros y concédenos tu Espíritu. Que tu Palabra sea una bendición para nosotros. Te agradecemos que esta Palabra la hemos recibido en Jesucristo, nuestro salvador. Dios todopoderoso, extiende tu mano sobre todo el mundo. Que tu Espíritu traiga una era nueva, una era de verdad, justicia y amor, una era de paz que proviene de ti. Oh Señor Dios, somos tus hijos, y como hijos tuyos oramos a ti en el nombre de Cristo Jesús. Tú nos escucharás, y esperamos con alegría el tiempo cuando se cumplirán todas las promesas; el tiempo anunciado por los profetas y especialmente por tu Hijo, Jesucristo. Permanece con nosotros y reúnenos en tu Espíritu. Amén.

12

Junio

Y cuando él venga, convencerá al mundo de su error en cuanto al pecado, a la justicia y al juicio; en cuanto al pecado, porque no creen en mí; en cuanto a la justicia, porque voy al Padre y ustedes ya no podrán verme; y en cuanto al juicio, porque el príncipe de este mundo ya ha sido juzgado. JUAN 16:8–11

Señor nuestro Dios, te damos gracias por renovar continuamente tu Espíritu en nosotros. Te agradecemos que tu Espíritu nos capacita para entender a Jesucristo y seguirlo todos nuestros días sobre la tierra. Bendícenos y permite que tu Espíritu venga al mundo, a toda la gente; que tu Espíritu Santo se derrame de nuevo en cada corazón. Pero todavía debe haber castigo por el pecado. Por causa de la justicia, el mundo tiene que sufrir castigo por medio del juicio. Porque tú, Dios todopoderoso, eres Señor, y ni siquiera Satanás, el príncipe de este mundo, puede actuar en contra de tu voluntad. Tú llevarás a cabo tu voluntad por medio del Espíritu Santo. Nuestro deber es simplemente seguir a Jesús todos nuestros días, y eso será nuestra alegría. Alabaremos tu nombre cada día para que, incluso en medio de gran aflicción, podamos seguirle jubilosos, con la fuerza del Espíritu Santo. Amén.

13

Junio

No escondo tu justicia en mi corazón, sino que proclamo tu fidelidad y tu salvación. No oculto en la gran asamblea tu gran amor y tu verdad. <small>SALMO 40:10</small>

Señor nuestro Dios, nos volvemos a ti en la gracia de Cristo Jesús, nuestro Padre del cielo y la tierra, porque conocemos tu verdad y tu poder salvador. Concede que todos puedan aprender a mirar hacia arriba, hacia ti, con fe y confianza en que se está cumpliendo tu voluntad en la tierra, aunque tantas cosas parecen ser solamente obras humanas. Pero tu voluntad está detrás de todo, y nosotros nos sometemos a tu voluntad, pues esperamos en ella. En tu voluntad tenemos la certeza de que todo se hará justo y bueno, para la gloria de tu nombre. Amén.

En esto consiste el amor a Dios: en que obedezcamos sus mandamientos. Y éstos no son difíciles de cumplir, porque todo el que ha nacido de Dios vence al mundo. Esta es la victoria que vence al mundo: nuestra fe. ¿Quién es el que vence al mundo sino el que cree que Jesús es el Hijo de Dios?

1 JUAN 5:3–5

Señor nuestro Dios, oramos a ti en la gracia de Cristo Jesús, para que se haga tu voluntad en nosotros y en el mundo entero. Por medio de Jesucristo, concédenos fe en que nos amas, fe en que podemos vivir en tu amor, en que podemos esperar en tu amor cada día, y tener paz en la tierra, donde existe tanta agitación y dificultad. Haz que nos mantengamos firmes y constantes, que permanezcamos en tu paz y en la tranquilidad interior que nos das, porque Jesucristo ha vencido al mundo. Él realmente ha vencido, y esto nos llena de alegría. Te alabamos, Dios todopoderoso, porque has enviado a Cristo Jesús y él ha vencido al mundo. Te alabamos porque ha vencido toda maldad, pecado y muerte, y porque podemos regocijarnos en tu presencia en todo tiempo. Amén.

Y el Verbo se hizo hombre y habitó entre nosotros. Y hemos contemplado su gloria, la gloria que corresponde al Hijo unigénito del Padre, lleno de gracia y de verdad.... De su plenitud todos hemos recibido gracia sobre gracia.

JUAN 1:14, 16

Señor Dios, ayúdanos a venir con todos nuestros corazones ante el Salvador, quien nos lleva a tus brazos. Escucha nuestra súplica y permite que tu rostro resplandezca sobre el mundo. Manda pronto una nueva era, una nueva salvación al mundo. Muéstranos que lo que hemos aprendido de ti es la verdad, que podemos vivir en la verdad y encontrar el camino al cielo. Escúchanos, oh Dios. A menudo parece que estás lejos, pero sabemos que nuestras voces todavía te alcanzan, y que los que han sido despertados por tu Santo Espíritu se convertirán en obreros para el Señor Jesús. Envía pronto tu Espíritu, oh Señor Dios. Manda al Consolador, quien nos guía a toda luz y a toda verdad. A ti encomendamos nuestras vidas cotidianas y a cada uno de nosotros. Queremos ser fieles. Ayúdanos a recordar en cada momento que te pertenecemos, Señor Dios. No importa cuánta oscuridad exista en la tierra, ayúdanos a recordar que somos tus hijos. Amén.

16

Junio

En el hogar de mi Padre hay muchas viviendas; si no fuera así, ya se lo habría dicho a ustedes. Voy a prepararles un lugar. Y si me voy y se lo preparo, vendré para llevármelos conmigo. Así ustedes estarán donde yo esté.
JUAN 14:2–3

Señor Dios, te damos gracias que nos has sostenido y llevado al Salvador. Ayúdanos a recordar esta verdad por medio de tu Espíritu Santo, y recuérdanos constantemente vivir para el cielo con todos tus ángeles, mientras todavía estemos en la tierra. Sin ti, estamos indefensos. Solamente tu Espíritu puede vencer nuestra naturaleza pecaminosa, para que nunca olvidemos estar en el cielo con el Salvador ahora y en la eternidad. Amén.

17

Junio

«Se ha cumplido el tiempo», decía. «El reino de Dios está cerca. ¡Arrepiéntanse y crean las buenas nuevas!»

MARCOS 1:15

Señor nuestro Dios, venimos ante tu presencia y nos postramos delante de ti, el Todopoderoso. Venimos ante ti y nos arrepentimos, creyendo en ti y en tu voluntad para salvarnos. Tu voluntad salvadora se extiende al mundo entero, sobre todo el mundo impío, para que todos puedan arrepentirse y sean redimidos. Concédenos pensamientos de tu corazón, para que comencemos a entender tu voluntad. A ti nos consagramos: Dios santo, justo, recto y misericordioso. Concédenos ser tus hijos, guiados y dirigidos por ti cada día. Vuelve nuestros corazones a ti, para que nos hagas más y más como deseas que seamos. Vuelve nuestros corazones a ti, hasta alcanzar tu propósito de expiación y redención por la obra silenciosa de tu poder omnipotente. Amén.

Junio

Así que no te avergüences de dar testimonio de nuestro Señor, ni tampoco de mí, que por su causa soy prisionero. Al contrario, tú también, con el poder de Dios, debes soportar sufrimientos por el evangelio. Pues Dios nos salvó y nos llamó a una vida santa, no por nuestras propias obras, sino por su propia determinación y gracia. Nos concedió este favor en Cristo Jesús antes del comienzo del tiempo. 1 TIMOTEO 1:8-9

Señor nuestro Dios, resplandeciente, dador de luz y todopoderoso Dios en todas las edades, permanece con nosotros también en nuestro tiempo. Fortalece la gracia que hemos recibido de Cristo Jesús, y permite que sea conocido en todo el mundo, para que tu nombre sea honrado en todo lugar. Te pedimos que nos bendigas, y permite que tu bendición se extienda de nosotros hacia los demás, para la gloria de tu nombre. Haz que el bien se fortalezca en nosotros, el bien que nos has dejado escuchar por tantos años. Que todo lo que pertenece a tu Palabra cobre vida en nosotros y en el mundo. Que tu bendición sea sobre nuestras acciones, pues queremos permanecer bajo tu bendición, para la gloria de tu justicia y verdad. Amén.

19

Junio

«Aunque cambien de lugar las montañas y se tambaleen las colinas, no cambiará mi fiel amor por ti ni vacilará mi pacto de paz», dice el Señor, que de ti se compadece.

ISAÍAS 54:10

Señor, oh grande y todopoderoso Dios, te damos gracias porque nos has dado al Salvador, en quien podemos estar unidos y tener paz en la tierra. Pedimos que el Salvador obre poderosamente en la humanidad. Que venga tu Espíritu a los corazones humanos, para que aprendan a reconocerte como su líder y su Dios, y que tengan regocijo en sus vidas, que están destinadas para la vida eterna. Bendícenos por medio de tu Palabra y a través de todo lo bueno que haces por nosotros. Renueva y fortalece constantemente nuestra fe y paciencia, mediante la gracia que nos envías. Acuérdate de todos los pueblos que deben volverse tuyos en el nombre de Jesucristo. Que todos confiesen que Jesucristo es el Señor, para honor de Dios Padre. Te alabamos por la promesa que nos has dado, de un maravilloso nuevo día de ayuda para todos. Te alabamos porque has creado a cada persona para reconocer su verdadero llamamiento y su camino a la salvación. Amén.

Junio

Nosotros que somos del día, por el contrario, estemos siempre en nuestro sano juicio, protegidos por la coraza de la fe y del amor, y por el casco de la esperanza de salvación; pues Dios no nos destinó a sufrir el castigo sino a recibir la salvación por medio de nuestro Señor Jesucristo.   I TESALONICENSES 5:8–9

Señor Dios Todopoderoso, haz llegar el día, el día de Cristo Jesús, en quien todos estaremos unidos. Entonces nos reconoceremos unos a otros como prójimos, como hermanos y hermanas, y tendremos paz en la tierra. Danos de nuevo tu Espíritu, oh Señor nuestro Dios. Libera e ilumina cada corazón, para que toda persona pueda reconocer la Palabra que les has dado y se aferren a todas tus promesas, incluso en tiempos malos y de aflicción. Quédate con nosotros y con nuestro pueblo. Ayúdanos en nuestros tiempos, oh Señor Dios. Nosotros esperamos en ti, esperamos tu paz, una nueva paz —no la paz vieja, ni regresar a la comodidad y a los deseos egoístas, sino tu paz—, que nos llevará a la vida celestial, donde encontraremos a Jesucristo, el que vive, nuestro pastor y líder. Amén.

Junio

Padre, quiero que los que me has dado estén conmigo donde yo estoy. Que vean mi gloria, la gloria que me has dado porque me amaste desde antes de la creación del mundo. JUAN 17:24

Señor nuestro Dios, te damos gracias por revelarnos tu gloria en tu Hijo Jesucristo. Te agradecemos que hoy todavía podemos ver y experimentar la gracia gloriosa que fluye de Jesucristo en su victoria sobre el mundo; la ayuda poderosa que beneficia a todos los que encuentran la fe. Permite que se revele más de tu gloria, la fe morando en los corazones de toda persona, una fe que pueda vencer toda necesidad y sufrimiento en la tierra, una fe que sea el poder para acudir a ti, para volverse apacible por dentro, y para esperar en ti en todo momento. Entonces tu ayuda vendrá pronto, mucho más rápido de lo que podemos imaginar; nos sorprenderá, porque el Salvador ha dicho: «Mira, vendré pronto». Por eso queremos esperar, creer y confiar en ti hasta el final. Amén.

Junio

«¡La paz sea con ustedes!» repitió Jesús. «Como el Padre me envió a mí, así yo los envío a ustedes».

JUAN 20:21

Señor nuestro Dios, a ti levantamos nuestros ojos en oración, en el nombre de Jesucristo, quien está a tu derecha, resucitado y vivo. Danos tu bendición. Bendícenos por medio de tu Palabra, y permite que nuestros corazones se vuelvan apacibles en ti. Libéranos de toda agitación y descontrol de la época actual, porque nosotros te pertenecemos a ti, no al mundo. Queremos encontrar paz en ti y permanecer en ti. Tú nos cuidarás como tus hijos, a quienes nunca olvidarás en toda la eternidad. Bendícenos y renueva cada día las riquezas de tu gracia en nosotros; porque tú, oh Señor nuestro Dios, sigues siendo nuestro Padre. Amén.

23

Junio

Que gobierne en sus corazones la paz de Cristo, a la cual
fueron llamados en un solo cuerpo. Y sean agradecidos.

COLOSENSES 3:15

Señor nuestro Dios, concédenos tu paz en nuestros
corazones. Concédenos que podamos ser tus hijos,
reservados para servirte en verdadera paz por medio
del perdón de pecados. Vuelve tu mirada al mundo y su
pecado, para que llegue algo nuevo a todos los que están
profundamente infelices, gimiendo bajo la angustia
de sus vidas. Grande es tu misericordia e ilimitada tu
compasión. Por causa de Jesucristo, tú traerás al mundo
la salvación que has prometido. Traerás el gran día de
Jesucristo el salvador, quien derramó su sangre por
nosotros. Que venga para los que están en necesidad
y desgracia, llevando su paz y su poder dentro de sus
corazones, para que incluso la muerte se vuelva vida y
todo sirva para tu gloria y alabanza. Que la vida del cielo
crezca en aquellos que te entienden y que existen para
ser tu pueblo. Que se haga tu voluntad, Señor Dios,
hasta que venga tu reino en su plenitud y todo el mundo
pueda ver que Jesucristo es el Señor, para gloria tuya, oh
Dios nuestro Padre. Amén.

24

Junio

Hacia ti dirijo la mirada, hacia ti, cuyo trono está en el cielo. Como dirigen los esclavos la mirada hacia la mano de su amo, como dirige la esclava la mirada hacia la mano de su ama, así dirigimos la mirada al Señor nuestro Dios, hasta que nos muestre compasión.

SALMO 123:1-2

Señor nuestro Dios, elevamos nuestros corazones a ti, nuestra ayuda en toda necesidad. Pues aun en tiempos difíciles haces mucho por nosotros, y siempre nos permites ver tu luz y nos das tu ayuda en muchas cosas que quieres que soportemos en tu fuerza, oh Dios todopoderoso. Al final, tú ayudarás a que nuestra era llegue a tu luz. Por medio de tu gran misericordia, permítenos recibir tu Palabra. Bendícela dentro de nuestro corazón, y ayúdanos a servirte dondequiera que vayamos y en todo lo que nos permitas hacer. Amén.

25

Junio

Que el Dios de la esperanza los llene de toda alegría y paz a ustedes que creen en él, para que rebosen de esperanza por el poder del Espíritu Santo.   ROMANOS 15:13

Señor nuestro Dios, te pedimos que nos concedas corazones valientes. Concédenos siempre encontrar nuestra fortaleza y apoyo en ti, para soportar con alegría todo lo que nos venga en estos días. No importa cuántas cosas malas pasen, sabemos que tu paz siempre está preparada. Esperamos tu paz, y podemos creer que todo saldrá conforme a tu voluntad y de acuerdo con el bien que has preparado para tu pueblo sobre la tierra. Porque por la fe tu pueblo vence al mundo, y finalmente por esa fe también otros pueden recibir algo de ti y levantar sus ojos a ti; el Dios de verdad, de justicia, de salvación y de paz. Quédate con nosotros cada día, Señor Dios. Ayúdanos y bendícenos, y bendice a quienes tratan de ayudar donde haya necesidad. ¡Alabemos tu nombre para siempre! Amén.

26

Junio

Les anunciamos lo que hemos visto y oído, para que también ustedes tengan comunión con nosotros. Y nuestra comunión es con el Padre y con su Hijo Jesucristo.

1 JUAN 1:3

Oh Señor nuestro Dios, concédenos tener comunión contigo cada día. Que nuestros corazones estén dispuestos a cumplir tus mandamientos y hacer lo que tú quieres en todas las cosas. Escucha nuestra oración; escucha y responde cuando oramos por las naciones y el mundo entero; y que se haga tu santa voluntad. Acuérdate de todos los que sufren aflicciones, y guíalos por el camino recto. Que andemos con corazón alegre dondequiera que nos lleves. Tu nombre será nuestra ayuda, tu gloria vendrá, y el mundo será lleno de tu amor, tu poder y tu esplendor. Amén.

27
Junio

Más bien, sean ustedes santos en todo lo que hagan, como también es santo quien los llamó; pues está escrito: «Sean santos, porque yo soy santo». 1 PEDRO 1:15–16

Señor Dios, ayúdanos a ser santos como tú eres santo, y libéranos de todas las cosas terrenales que tratan de atormentarnos. Concédenos tu espíritu, para que hagamos lo que es recto. Que siempre nos tomemos de tu mano con confianza. Protege a tus hijos por todo el mundo, y ayúdales a hacer lo que es justo, aun cuando todo el mundo haga lo malo. Ayúdanos para que todo lo que hagamos sea santo y agradable delante de ti. Permite que tu gracia crezca entre nosotros y entre las naciones, y que tu diestra poderosa haga llegar tu día, cuando todas las cosas serán hechas nuevas. Santificado sea tu nombre, que venga tu reino y que se haga tu voluntad en la tierra como en el cielo. Amén.

28

Junio

La creación aguarda con ansiedad la revelación de los hijos de Dios, porque fue sometida a la frustración. Esto no sucedió por su propia voluntad, sino por la del que así lo dispuso. Pero queda la firme esperanza de que la creación misma ha de ser liberada de la corrupción que la esclaviza, para así alcanzar la gloriosa libertad de los hijos de Dios. ROMANOS 8:19–21

Señor Dios, te damos gracias por todo lo que tú revelas en tu creación, para que nuestras vidas puedan ser fructíferas. Revela tu sabiduría y poder entre la gente en todas partes, para que la muerte y la destrucción no triunfen, sino que prevalezca tu voluntad, tu amor y tu misericordia. Que nuestra era aprenda que el poder te pertenece a ti y no a los hombres, y que al final tu voluntad cumplirá todas tus buenas promesas. Tu día de justicia y santidad irrumpirá, y por medio de tu gran misericordia será erradicado todo sufrimiento y aflicción. Guárdanos como hasta ahora lo has hecho, y protégenos esta noche. Te pedimos estar presente y llevar a cabo tu voluntad dondequiera que exista la desgracia. Que se haga tu voluntad en la tierra como en el cielo. Amén.

29

Pero yo le cantaré a tu poder, y por la mañana alabaré tu amor; porque tú eres mi protector, mi refugio en momentos de angustia. A ti, fortaleza mía, te cantaré salmos, pues tú, oh Dios, eres mi protector. ¡Tú eres el Dios que me ama! SALMO 59:16–17

Señor Dios, glorificamos tu nombre. ¡Cuánto deseamos que nuestras voces pudieran resonar por todo el mundo, proclamando las grandes proezas que has hecho por nosotros, alabándote porque podemos acercarnos a ti por medio de Jesucristo, adorarte, honrarte y agradecerte por toda tu bondad! Protege a todos tus hijos, para que se aferren a la fe y permanezcan fieles al mensaje del evangelio. Que te alabemos y demos gracias por todo lo que has hecho este día, y por tu obra en muchos corazones que todavía desconocemos. Tu Espíritu reina y llama a la gente para acercarla a ti, el Padre celestial. Cuídanos y sigue bendiciéndonos. Ayúdanos a los que pertenecemos a tu pueblo, y protégenos durante la noche. Amén.

Junio

En aquel tiempo Jesús dijo: «Te alabo, Padre, Señor del cielo y de la tierra, porque habiendo escondido estas cosas de los sabios e instruidos, se las has revelado a los que son como niños». MATEO 11:25

Señor nuestro Dios, te damos gracias por tu Palabra, que es luz y fortaleza para nosotros. Te agradecemos por todo lo que nos das. Te damos gracias que podemos ser contados entre los sencillos de corazón, entre los niños. Nosotros no queremos ser nada grande en el mundo. Solamente queremos estar contigo como tus hijos, como niñitos indefensos, cuidados por ti, el creador y Padre de todos. Concédenos tu bendición. Ayúdanos en todo lo que es bueno y recto, también en nuestro trabajo diario, para que podamos ser tus hijos y hacer lo que has mandado. Que tu nombre sea honrado en todo tiempo, que venga tu reino y se haga tu voluntad en la tierra como en el cielo. Danos hoy nuestro pan de cada día. Perdona nuestras ofensas así como nosotros perdonamos a los que nos ofenden, y no nos dejes caer en tentación, sino líbranos del mal. Porque tuyo es el reino, el poder y la gloria por los siglos de los siglos. Amén.

Julio

I

Julio

Habrá quienes lleguen del oriente y del occidente, del norte y del sur, para sentarse al banquete en el reino de Dios. En efecto, hay últimos que serán primeros, y primeros que serán últimos. LUCAS 13:29–30

Amado Padre que estás en el cielo, Dios todopoderoso, concede que las naciones lleguen a estar bajo tu reinado, bajo tu juicio, desde la mañana hasta la noche, desde el este al oeste y del norte al sur. Porque tu voluntad se debe cumplir y tu nombre debe ser honrado entre todas las naciones. Tuyo solo es el reino; todos los reinos te pertenecen. Tu reino celestial debe venir, para que finalmente aprendamos a estar en paz y nos volvamos tus hijos, que se someten a ti. Porque Cristo llevará a cabo tu voluntad amorosa, misericordiosa y perfecta en todo el mundo. Te damos gracias por todo el bien que tú quieres darnos. Que tus ángeles nos guarden esta noche. Acompáñanos en todo lo que hacemos y dejamos sin terminar. Ayúdanos con tu mano firme, para poder regocijarnos de corazón en todo lo bueno que nos das. Amén.

2

Julio

Yo te guío por el camino de la sabiduría, te dirijo por sendas de rectitud. Cuando camines, no encontrarás obstáculos; cuando corras, no tropezarás.

PROVERBIOS 4:11–12

Amado Padre que estás en el cielo, tú eres nuestro Dios. Tú nos gobiernas y nos guías, y nuestra confianza permanece en ti, aun cuando tantas necesidades presionan nuestro corazón y tratan de arrastrarnos en su turbulencia. Pedimos tu protección. Que tu mano divina nos gobierne, para estar conscientes del llamado que hemos recibido de ti, y siempre tengamos luz alumbrando en nuestras vidas para indicarnos cómo servirte. Permite que obre tu poder en esta tierra, dondequiera que los corazones respondan a ti, dondequiera que se revele la fuerza de Jesucristo, y que todos reconozcan sus obras para honor tuyo. Acompaña a tus hijos más humildes y más ignorados. Guárdalos en tus manos y capacítalos para ser colaboradores que perseveran con valentía y confianza, hasta el momento cuando te reveles a todos los pueblos de la tierra. Amén.

3

Julio

Estoy convencido de esto: el que comenzó tan buena obra en ustedes la irá perfeccionando hasta el día de Cristo Jesús.   FILIPENSES 1:6

Amado Padre que estás en el cielo, te damos gracias por la obra que estás haciendo. Te agradecemos porque obras por medio de personas de todo tipo y vocación; y por medio de muchos corazones que conocen tu bondad. Te damos gracias por la gran obra realizada por el Señor Jesús, quien triunfará sobre el mundo con paciencia y mansedumbre. Él triunfará sobre el mundo, abriendo una puerta amplia para todos, incluyendo a los más pobres entre los pobres, para que vengan a ti, su Padre celestial. Concédenos permanecer firmes y fieles con la luz que se nos ha dado. No nos dejes caer en tentación, sino líbranos del mal. Porque el reino, el poder y la gloria son tuyos para siempre. Amén.

4

Julio

¿Qué diremos frente a esto? Si Dios está de nuestra parte, ¿quién puede estar en contra nuestra? El que no escatimó ni a su propio Hijo, sino que lo entregó por todos nosotros, ¿cómo no habrá de darnos generosamente, junto con él, todas las cosas? <small>ROMANOS 8:31-32</small>

Señor nuestro Dios, nuestro Padre en el cielo y la tierra, te pedimos que nos bendigas, a tus hijos, porque queremos ser tus hijos y nada más. Queremos tener la alegría y el deleite de saber que te pertenecemos, el todopoderoso Dios, quien comenzó y culminará la redención sobre la tierra por medio de Jesucristo, nuestro salvador. Bendice tu Palabra en nosotros. Danos valor en el sufrimiento y la aflicción, para que nos permitas servirte en todas las circunstancias, aun cuando nos parezca difícil. Tu nombre será honrado en nosotros y tu reino vendrá. Tan seguro como la tierra perdura, todo se hará conforme a tu voluntad, en la tierra como en el cielo. Amén.

5
Julio

Sabemos que toda la creación todavía gime a una, como si tuviera dolores de parto. Y no solo ella, sino también nosotros mismos, que tenemos las primicias del Espíritu, gemimos interiormente, mientras aguardamos nuestra adopción como hijos, es decir, la redención de nuestro cuerpo. Porque en esa esperanza fuimos salvados.

ROMANOS 8:22–24A

Señor nuestro Dios, te damos gracias por el gran llamado que nos has dado. Te agradecemos que, entre todos los males del mundo actual, nos das la fe y esperanza que nos estás guiando a un destino que es bueno, y que tú nos haces libres. Tú liberas a tus hijos, para que un nuevo espíritu pueda llegar a toda la humanidad, una nueva vida y un nuevo poder para servirte, en este tiempo y por la eternidad. Alabado sea tu nombre, que siempre podamos tener esperanza; nada nos puede desalentar, sino que todo debe trabajar unido para el bien, conforme a tu gran propósito. Concede que tu compasión llegue a todo el mundo, a todos los pueblos, que has mirado con misericordia al enviar a Jesucristo como el Salvador. Amén.

6

Julio

Porque todos los que son guiados por el Espíritu de Dios son hijos de Dios. Y ustedes no recibieron un espíritu que de nuevo los esclavice al miedo, sino el Espíritu que los adopta como hijos. ROMANOS 8:14–15A

Amado Padre que estás en el cielo, abre nuestro corazón a la maravilla de poder llamarte Padre y a lo asombroso de estar unidos contigo. Tú eres fuente de toda vida y poder. En ti está la redención, y nosotros necesitamos ser redimidos antes de poder vivir rectamente. Quítanos las presiones que nos impone la avalancha de acontecimientos. Haznos completamente libres como pueblo guiado por tu mano, quienes pueden regocijarse porque todo será vencido por medio del poder que nos das en Jesucristo. Protégenos del temor y de todo mal. Muéstranos cada vez con mayor claridad el destino maravilloso y bueno para todos los pueblos sobre la tierra, para que puedan encontrar con expectación la felicidad, a pesar de todo el estrés del presente. Amén.

7

Julio

Mantengamos firme la esperanza que profesamos, porque fiel es el que hizo la promesa.
HEBREOS 10:23

Señor nuestro Dios, te damos gracias por todo lo que has hecho y por todo lo que estás haciendo por nosotros, por la liberación de la necesidad y la muerte. Te agradecemos por todas las señales que nos das, indicando que has escuchado nuestras oraciones cuando, sin vacilar ni debilitarnos, ponemos nuestra esperanza en ti. Te damos gracias por poder estar sin temor del pecado y de la muerte, porque tú estás con nosotros en todo. A pesar de nuestras imperfecciones, nos muestras tu bondad una y otra vez. Que la luz de nuestro corazón nunca se apague, esa luz que nos permite mirar al cielo y la tierra y vislumbrar la bondad que ya está en camino hacia nosotros. Que la alegría permanezca en nosotros; y que tengamos la fortaleza para ser una comunidad que sigue el camino de la vida, que te rinde alabanza y honor. Amén.

8

Julio

Los justos claman, y el Señor los oye; los libra de todas sus angustias. El Señor está cerca de los quebrantados de corazón, y salva a los de espíritu abatido.

SALMO 34:17–18

Señor nuestro Dios, nuestro padre del cielo y la tierra, estamos agradecidos de que tengas un pueblo al que le dices: «Ustedes son míos». Concédenos también pertenecer a este pueblo. Fortalécenos en la fe de que somos tuyos, para que podamos llegar a conocer tu reinado y tu justicia. Protégenos en todos los caminos que andamos durante nuestra vida en la tierra. Los tiempos son malos, pero venga lo que venga, cada uno de nosotros tiene en su corazón la certeza: «somos tuyos». Por mucho tiempo nos has cuidado y mantenido a salvo. Afirmamos una y otra vez: «Señor Dios, por medio de Jesucristo nuestro salvador, somos tuyos». Amén.

Por esta razón me arrodillo delante del Padre, de quien recibe nombre toda familia en el cielo y en la tierra. Le pido que, por medio del Espíritu y con el poder que procede de sus gloriosas riquezas, los fortalezca a ustedes en lo íntimo de su ser, para que por fe Cristo habite en sus corazones. EFESIOS 3:14–17A

Señor nuestro Dios, tú eres nuestro Padre, y los seres humanos sabemos que el fondo de nuestro corazón te pertenece. Te pedimos que nos guardes firmemente por medio de tu Espíritu, para no vivir al nivel de nuestra naturaleza pecaminosa, sino continuar firmes en el llamado que nos has dado, el alto llamado a lo que es eterno. Que todas nuestras experiencias obren en nosotros para bien, trayéndonos la alegre certeza de que tú reinas en nosotros con tu Espíritu, que promueves el bien en todas partes del mundo y sensibilizas a más y más gente en lo que es bueno, justo y perfecto. Amén.

Julio

Vengan, postrémonos reverentes, doblemos la rodilla ante el Señor nuestro Hacedor. Porque él es nuestro Dios y nosotros somos el pueblo de su prado; ¡somos un rebaño bajo su cuidado! SALMO 95:6–7

Señor nuestro Dios, fortalece en nosotros todo lo eterno que viene de ti, todo lo bueno, justo y genuino. Que esto dé forma a nuestra vida práctica y nos ayude a triunfar sobre la necesidad y la muerte. Ayúdanos a esperar tranquilos, aun cuando no sabemos la respuesta a nuestras preguntas, porque tenemos certeza de que el resultado será bueno y dará vida, para la gloria de tu nombre y tu Espíritu. Nos encomendamos en tus manos. Quédate con nosotros, para que nuestras vidas puedan recibir tu llamado. Quédate con nosotros, para que en todo nuestro trabajo y actividad estemos conscientes de la guía de tu Espíritu, obrando en nuestros corazones. Amén.

II

Julio

Acerquémonos, pues, a Dios con corazón sincero y con la plena seguridad que da la fe, interiormente purificados de una conciencia culpable y exteriormente lavados con agua pura. HEBREOS 10:22

Señor nuestro Dios, concédenos verdadera unidad con tu hijo Jesucristo, para que se revele su poder en nosotros y encontremos una nueva vida con la que podamos servirte de verdad. Protégenos de todo error. Permanece entre nosotros con tu Espíritu, para hacernos un pueblo sincero. Que tu voluntad se lleve a cabo cada vez más en este tiempo. Que tu voluntad intervenga para que llegue una nueva creación, nuevos cielos y nueva tierra, como se nos ha prometido. Que tu nombre sea grande entre nosotros, que venga tu reino y que todo en el cielo y en la tierra se haga conforme a tu voluntad. Amén.

12

Julio

He sido crucificado con Cristo, y ya no vivo yo sino que Cristo vive en mí. Lo que ahora vivo en el cuerpo, lo vivo por la fe en el Hijo de Dios, quien me amó y dio su vida por mí.   GÁLATAS 2:20

Dios todopoderoso, guárdanos y guíanos plenamente en la vida de Jesucristo. Que Jesucristo tu hijo se revele viva y verdaderamente dentro de nosotros, para ser llenos de alegría porque pertenecemos al reino de los cielos y podemos vivir cada día con fe en él. Te damos gracias por todo lo que nos has permitido experimentar. Te damos gracias de todo corazón porque en tu gran compasión nos has colmado con tanto bien, a nosotros que todavía no tenemos una fe perfecta. Te pedimos mantener nuestros corazones bajo tu luz. Haz que nos mantengamos pacientes y consagrados, porque entonces se puede hacer más y más entre nosotros, pobres hijos de la tierra, para la gloria de tu nombre. Amén.

13

Julio

Queridos hermanos, ahora somos hijos de Dios, pero todavía no se ha manifestado lo que habremos de ser. Sabemos, sin embargo, que cuando Cristo venga seremos semejantes a él, porque lo veremos tal como él es.

1 JUAN 3:2

Señor nuestro Dios poderoso, considéranos en nuestra pobreza, porque nos llamas tus hijos y nos das de tu Espíritu. De tu plenitud, constantemente necesitamos recibir fortaleza para la lucha de la vida a la que estamos destinados. Concede que llegue luz, donde todavía reinan las tinieblas, especialmente donde está tan tenebroso que no sabemos adónde dirigirnos. Escucha nuestra oración por todas las personas, y permite que solo tu justicia y tu verdad tengan la victoria. Que todos reciban lo que les has prometido, y permíteles entender que sin importar lo que pase, seguirán siendo tus hijos. Amén.

«En aquel día yo responderé», afirma el Señor; «yo le responderé al cielo, y el cielo le responderá a la tierra; la tierra les responderá al cereal, al vino nuevo y al aceite, y éstos le responderán a Jezrel. Yo la sembraré para mí en la tierra; me compadeceré de la "Indigna de compasión", "Pueblo ajeno" lo llamaré: "Pueblo mío"; y él me dirá: "Mi Dios"». OSEAS 2:21–23

Señor nuestro Dios, enciende la luz verdadera en nuestra mente y corazón, para que podamos reconocer lo que somos y seamos libres de todo lo falso y deshonesto. Que esta luz de justicia y juicio se extienda por todas las naciones, hasta que nadie use palabras vacías cuando habla de «misericordia» y «verdad». Concede que tu misericordia y tu verdad encuentren la buena tierra y den fruto. Que encontremos una tierra preparada por ti, porque tú nos juzgas y corriges lo malo en nuestra vida terrenal. Te agradecemos porque, aun cuando muchas de nuestras experiencias han sido dolorosas, todavía podemos decir: «¡Sobre cuánta necesidad no ha extendido sus alas para protegernos nuestro Dios misericordioso!». Amén.

15
Julio

Me deleito mucho en el Señor; me regocijo en mi Dios. Porque él me vistió con ropas de salvación y me cubrió con el manto de la justicia. Soy semejante a un novio que luce su diadema, o una novia adornada con sus joyas.

ISAÍAS 61:10

Señor nuestro Dios, concédenos descubrir el poder de tu Espíritu, para vivir en un nivel más alto, y ya no ser dominados por nuestra baja naturaleza pecaminosa, sino fortalecidos para afrontar la batalla de la vida. Que seamos hijos del Espíritu y andemos en el Espíritu. Protégenos de la irresponsabilidad, y haz que nos mantengamos alegres y animados. Ayúdanos y aconséjanos en todos nuestros caminos, para honrarte y testificar que tú eres nuestro Dios, nuestra ayuda verdadera. Amén.

16

Julio

Pero yo he puesto mi esperanza en el Señor; yo espero en el Dios de mi salvación. ¡Mi Dios me escuchará! Enemiga mía, no te alegres de mi mal. Caí, pero he de levantarme; vivo en tinieblas, pero el Señor es mi luz.

MIQUEAS 7:7−8

Amado Padre que estás en el cielo, ante ti estamos como tus hijos y alzamos a ti nuestra mirada. Somos pobres y necesitados, a menudo desdichados y atormentados. Permite que tu mirada descanse sobre nosotros y nos concedas la ayuda que necesitamos. Bendícenos cuando nos reunimos en el nombre de Cristo Jesús, para que seamos un pueblo que aprende a servirte en todos los caminos que andamos, aunque sea difícil. Danos una fe verdadera para cada momento. Que tengamos alegría y confianza en que estás con tus hijos, y que permaneces con ellos para siempre, hasta la gran hora de la redención, cuando nos regocijaremos con todas las generaciones pasadas y con todos los que viven hoy día. Amén.

Julio

El Espíritu del Señor omnipotente está sobre mí, por cuanto me ha ungido para anunciar buenas nuevas a los pobres. Me ha enviado a sanar los corazones heridos, a proclamar liberación a los cautivos y libertad a los prisioneros, a pregonar el año del favor del Señor y el día de la venganza de nuestro Dios, a consolar a todos los que están de duelo. ISAÍAS 61:1–2

Señor nuestro Dios, luz de la humanidad en Cristo Jesús, llenos de alegría y confianza te pedimos acceso a tu poder omnipotente, tu poder contra toda maldad, pecado, muerte y esclavitud. Que nos sintamos cercanos a tu poder omnipotente. Escucha nuestro llanto, ya que somos y siempre seremos tus hijos, a quienes has prometido redención y liberación. Juntos nos aferramos a esta promesa y venimos ante ti diciendo: «Nosotros somos tus hijos en Jesucristo el Salvador, a quien tú has enviado a nosotros». Escúchanos a tus hijos; bendícenos a cada uno, y bendícenos como un pueblo, y permítenos servirte en medio del sufrimiento de nuestro mundo. Amén.

18

Julio

Pero se acerca la hora, y ha llegado ya, en que los verdaderos adoradores rendirán culto al Padre en espíritu y en verdad, porque así quiere el Padre que sean los que le adoren. Dios es espíritu, y quienes lo adoran deben hacerlo en espíritu y en verdad. JUAN 4:23–24

Señor nuestro Dios, te damos gracias por estar entre nosotros como nuestro Padre y permitirnos ser tus hijos en la tierra. Te agradecemos que podamos encontrar vida en espíritu y en verdad como tus hijos. Concede que cada uno de nosotros descubra cómo se puede elevar nuestra vida en la tierra por medio de tu Espíritu, pues él nos puede dar lo que no poseemos, para que nuestro trabajo diario, toda nuestra lucha y sacrificio por las cosas externas de la vida, sean impregnadas de lo más alto y sublime. Tu Espíritu nos puede cuidar de caer en caminos viles y superficiales y de perdernos en experiencias mundanas efímeras, sin importar cuánto cautiven nuestra atención. Te damos gracias por todo lo que has hecho por tus hijos. Continúa ayudándonos, para servirte cada día con alegría y gratitud. Amén.

19

Julio

Pero él me dijo: «Te basta con mi gracia, pues mi poder se perfecciona en la debilidad». Por lo tanto, gustosamente haré más bien alarde de mis debilidades, para que permanezca sobre mí el poder de Cristo. Por eso me regocijo en debilidades, insultos, privaciones, persecuciones y dificultades que sufro por Cristo; porque cuando soy débil, entonces soy fuerte.

2 CORINTIOS 12:9–10

Señor nuestro Dios, nos regocijamos de poder llamarnos tus hijos. En nuestra debilidad te pedimos refugio en tus manos. Fortalécenos en la fe y esperanza de que con seguridad nuestras vidas vayan por el camino recto, no por nuestro propio esfuerzo, sino por medio de tu protección. Concede que a través de tu Espíritu lleguemos a percibir más y más que estás con nosotros. Ayúdanos a estar alertas en nuestra vida cotidiana y escuchar cuando tú nos quieres decir algo. Revela el poder y la gloria de tu reino en muchas personas, para la gloria de tu nombre, y apresura la llegada de todo lo bueno y verdadero en la tierra. Amén.

Julio

Ellos serán mi pueblo, y yo seré su Dios. Haré que haya coherencia entre su pensamiento y su conducta, a fin de que siempre me teman, para su propio bien y el de sus hijos. JEREMÍAS 32:38−39

Señor nuestro Dios, tú quieres ser nuestro Dios y quieres que seamos tu pueblo. Danos la integridad interior y el poder para discernir y rechazar todo lo que no viene del corazón, para que todo sea genuino entre nosotros. Entonces no entrarán ni mentiras ni engaños, y la honestidad y la bondad brotarán de nuestros corazones para la gloria de la verdad, la gloria del evangelio y la gran esperanza que das por medio del evangelio. Guarda nuestros corazones. Protege el bien que está sembrado en ellos, para que crezca, prospere y dé fruto. Amén.

Julio

Anhelo con el alma los atrios del Señor; casi agonizo por estar en ellos. Con el corazón, con todo el cuerpo, canto alegre al Dios de la vida. Señor todopoderoso, rey mío y Dios mío, aun el gorrión halla casa cerca de tus altares; también la golondrina hace allí su nido, para poner sus polluelos. Dichoso el que habita en tu templo, pues siempre te está alabando. SALMO 84:2–4

Señor Dios, nuestras almas te anhelan a ti y a tu gloria, por el día cuando será dicho: «¡Todo se ha cumplido! Ahora viene tu reino. Ahora comienza tu día. Cuando miremos hacia atrás en todo lo que nos ha pasado, ahora todo queda claro». Te agradecemos por permitirnos vivir sin temor, revitalizados y renovados una y otra vez, esperando el bien que das en la tierra. Muéstranos el camino que debemos andar. Concede tu bendición en nuestros corazones, para que aun en necesidad y muerte, temor y aflicción, siempre tengamos luz y fortaleza. Tú eres nuestra salvación, Señor nuestro Dios. De ti proviene la salvación de nuestras almas. Confiamos en ti hoy y cada día. Alabamos tu nombre y esperamos en ti el día que tienes preparado para el mundo entero: el día cuando la luz iluminará cada corazón. Amén.

Julio

Ahora bien, ustedes son los que han estado siempre a mi lado en mis pruebas. Por eso, yo mismo les concedo un reino, así como mi Padre me lo concedió a mí, para que coman y beban a mi mesa en mi reino.

LUCAS 22:28–30A

Señor nuestro Dios, te damos gracias que podamos ser tus hijos y podamos tener esperanza en tu Espíritu. Tu Espíritu reina sobre nosotros como un pueblo que quieres acercar a ti, un pueblo que puede servirte con sus vidas aquí en la tierra. Concédenos ser sencillos y confiados como los niños, para que tu Espíritu pueda gobernarnos cada vez más y lo que es bueno pueda llegar a mucha gente en todas partes. Que muchos lleguen a entender que sus vidas no son solamente temporales. Que se den cuenta que pueden vivir y actuar en ti, y a través de ti pueden experimentar el bien que vendrá a todas las naciones de la tierra. Amén.

23

Julio

De hecho, en ningún otro hay salvación, porque no hay bajo el cielo otro nombre dado a los hombres mediante el cual podamos ser salvos. HECHOS 4:12

Amado Padre que estás en el cielo, te damos gracias que nos has revelado el nombre Jesucristo, el nombre de tu Hijo, quien nos guía a ti como tus hijos. Que tu ayuda se vea claramente sobre todos los que sufren y mueren en nuestro tiempo. Que tu diestra traiga pronto una era nueva, un tiempo verdaderamente de Dios y del Salvador, para dar cumplimiento a lo que se ha prometido hace mucho tiempo. Guárdanos esta noche y bendícenos. Continúa sosteniéndonos con tu mano poderosa en medio del sufrimiento, y que en la aflicción tu nombre siga siendo honrado. Que venga tu reino, irrumpiendo en todos los males del mundo, y que se haga tu voluntad en la tierra como en el cielo. Amén.

Julio

Así que no pierdan la confianza, porque esta será grandemente recompensada. Ustedes necesitan perseverar para que, después de haber cumplido la voluntad de Dios, reciban lo que él ha prometido.

HEBREOS 10:35–36

Señor nuestro Dios, nos postramos delante de ti en este tiempo cuando has traído juicio y dificultades. Cambia esta era terrenal, te lo suplicamos. Danos algo del cielo para que se haga tu voluntad y tu misericordia llegue a todas las naciones. Fortalécenos en todos nuestros caminos, te lo pedimos. Te damos gracias por todo lo que has hecho por nosotros. Alabado y glorificado sea tu nombre en todo tiempo. Queremos seguirte y permanecer en tu vida celestial. Amén.

25

Julio

Que el favor del Señor nuestro Dios esté sobre nosotros. Confirma en nosotros la obra de nuestras manos; sí, confirma la obra de nuestras manos. SALMO 90:17

Amado Padre que estás en el cielo, creador de lo que es bueno, hermoso y lleno de alegría, para que todo pueda servir en armonía contigo, te damos gracias por todo el bien que recibimos. Que seamos tus hijos, reunidos para servirte. Que nuestra vida imparta alegría a los demás, y que sin cesar hagamos el bien por medio de tu fuerte y gran amor que nos cambia, nos fortalece y nos ayuda cada día, sin importar cuán difícil sea la vida. Alabado sea tu nombre en todo el mundo. Que venga tu reino y se haga tu voluntad en la tierra como en el cielo. Amén.

26

Julio

Tu palabra, Señor, es eterna, y está firme en los cielos. Tu fidelidad permanece para siempre; estableciste la tierra, y quedó firme. Todo subsiste hoy, conforme a tus decretos, porque todo está a tu servicio. SALMO 119:89-91

Señor Dios, te damos gracias por tu Palabra, que es lo más grande y más glorioso de todo lo que viene a nuestra existencia humana. Queremos encontrar cada día más alegría en tu ayuda y en lo que estás haciendo por nosotros. Una y otra vez sentimos y nos regocijamos en la nueva ayuda, nueva fuerza y nuevo ánimo para la vida, que nos da tu Palabra. Buscamos continuamente encontrar a Jesucristo, la Vida eterna. Él vendrá con certeza para establecer tu reino. ¡Alabado sea tu nombre, Dios eterno, glorioso y todopoderoso! Permanece con nosotros, personas pobres y humildes. Fortalécenos en espíritu y capacítanos para perseverar hasta que se cumpla todo lo prometido por tu Palabra. Amén.

Julio

Tengo otras ovejas que no son de este redil, y también a ellas debo traerlas. Así ellas escucharán mi voz, y habrá un solo rebaño y un solo pastor. JUAN 10:16

Señor nuestro Dios, júntanos a todos como un solo rebaño. Danos tu Espíritu para que podamos conocerte, para que nuestros corazones se llenen de alegría, no solamente por nosotros mismos sino también por los demás. Erradica el mal que hay en la tierra y borra todo lo que te ofende: toda mentira, engaño y odio entre las naciones. Concede que toda la humanidad pueda llegar a conocerte, para que desaparezcan la desunión y el conflicto, y tu reino eterno surja en la tierra, y podamos regocijarnos en él. Porque tu reino puede llegar a la gente aun estando en la tierra, para darles felicidad y hacerlos tus propios hijos. Sí, Señor Dios, queremos ser tus hijos, tu pueblo, sostenido de tu mano, para que tu nombre sea honrado, venga tu reino y se haga tu voluntad en la tierra como en el cielo. Amén.

28

Julio

En lo que atañe a la ley, esta intervino para que aumentara la transgresión. Pero allí donde abundó el pecado, sobreabundó la gracia, a fin de que, así como reinó el pecado en la muerte, reine también la gracia que nos trae justificación y vida eterna por medio de Jesucristo nuestro Señor. ROMANOS 5:20–21

Señor nuestro Dios, venimos ante tu presencia suplicándote dar al mundo lo que necesita, para liberar a las personas de todo su dolor y capacitarlos para servirte. Que se revele el poder de Jesucristo en nuestros tiempos, porque él se ha hecho cargo de nuestro pecado, para que surja la justicia sobre la tierra, para que todos tengan vida y puedan ver tu salvación, que tú traerás cuando se cumpla el tiempo. Que se revele tu poder en el mundo, que se haga tu voluntad, que tu nombre sea santificado, y que se corrijan todos los males en esta era difícil y turbulenta. Oh Señor nuestro Dios, solo tú nos puedes ayudar. Solo tú eres el salvador de todas las naciones. En tu gran misericordia, puedes traer la paz. En ti esperamos, y al considerar tu palabra, recordamos las grandes promesas que nos has dado, promesas que se cumplirán en nuestro tiempo. Amén.

29

Julio

Cuando vuelva a verlos, no seré indulgente con los que antes pecaron ni con ningún otro, ya que están exigiendo una prueba de que Cristo habla por medio de mí. Él no se muestra débil en su trato con ustedes, sino que ejerce su poder entre ustedes. Es cierto que fue crucificado en debilidad, pero ahora vive por el poder de Dios. De igual manera, nosotros participamos de su debilidad, pero por el poder de Dios viviremos con Cristo para ustedes.

2 CORINTIOS 13:2B−4

Señor nuestro Dios, te damos gracias por el amor que nos muestras, para que seamos liberados de debilidad y enfermedad, del pecado y la miseria, y recibamos la fortaleza para servirte, nuestro Padre del cielo. Bendícenos en todo lo que hay en nuestro corazón, que por medio de tu misericordia luchemos correctamente la batalla de la vida. Bendícenos en estos tiempos y permite que la justicia tome la delantera y vivamos en paz, alabándote por toda la eternidad. Protégenos, tus hijos, por siempre. Que sea honrado tu nombre, que venga tu reino y se haga tu voluntad en la tierra como en el cielo. Amén.

Julio

Pues Dios no nos ha dado un espíritu de timidez, sino de poder, de amor y de dominio propio. 2 TIMOTEO 1:7

Señor nuestro Dios, nosotros somos tus hijos. Escucha todas nuestras preocupaciones, te lo pedimos, porque queremos recibir ayuda de ti, no de los hombres ni de lo que podamos pensar o decir. Que se revele tu poder en nuestro tiempo. Anhelamos una era nueva, una era de paz en la que cambie la gente. Anhelamos tu día, el día en que tu poder será revelado a la humanidad pobre y quebrantada. Sé con nosotros y dale a nuestros corazones lo que permanecerá en nosotros: la fortaleza y misericordia de Jesucristo. Amén.

Julio

Muchos son los que dicen: «¿Quién puede mostrarnos algún bien?» ¡Haz, Señor, que sobre nosotros brille la luz de tu rostro!
SALMO 4:6

Señor nuestro Dios, con todo nuestro corazón venimos ante tu rostro. Nuestros corazones siempre estarán ante tu presencia, pidiendo, anhelando y creyendo que tú guiarás correctamente nuestros asuntos. Protégenos, porque eres nuestro Dios y Padre. Protege a todos los que están en peligro y a quienes deben exponerse a los peligros. Dale a conocer tu gran amor y tu presencia viviente a los corazones de los moribundos. Acerca nuestros corazones en unidad, para que tengamos comunión en ti, y que nuestra fe y esperanza se establezcan solamente en ti. Protégenos durante la noche y ayúdanos a tener paz en cuanto a todas nuestras preocupaciones, porque están en tus manos, como lo está cada preocupación de cada persona. Nosotros mismos estamos en tus manos, Señor Dios, Padre nuestro, y ahí queremos permanecer. Tus manos pueden sanar y restaurar todo. ¡Alabado sea tu nombre! Amén.

Agosto

I

Agosto

Sin embargo, como está escrito: «Ningún ojo ha visto, ningún oído ha escuchado, ninguna mente humana ha concebido lo que Dios ha preparado para quienes lo aman». Ahora bien, Dios nos ha revelado esto por medio de su Espíritu. 1 CORINTIOS 2:9–10A

Señor nuestro Dios, bendícenos a todos por medio de tu Espíritu, que podamos encontrar la certeza de corazón en comunión contigo bajo tu soberanía. Que mantengamos esta certeza, en cualquier curso que puedan tomar nuestras vidas, en medio de las batallas y sufrimientos que puedan venir, porque te pertenecemos, nos diriges y nos guías como tus hijos. Vela por todos aquellos que todavía están lejos de ti, pero que te anhelan. Cuida de todos los que son de buen corazón y sinceros, aun cuando a menudo no te entiendan. Protégelos y permite que venga tu reino, para que muchas personas lleven a cabo cada vez más tu voluntad, muchas que se sienten impulsadas a buscarte y a buscar la bondad y la verdad, que son tu voluntad. Que nosotros y muchos más te sirvamos con nuestra vida entera. Amén.

2

Agosto

Estén siempre alegres, oren sin cesar, den gracias a Dios
en toda situación, porque esta es su voluntad para ustedes
en Cristo Jesús. I TESALONICENSES 5:16–18

Padre que estás en el cielo, te damos gracias porque
podemos sentir tu guía, tu señorío, porque en Cristo
nos has bendecido con todo don espiritual y celestial.
Te agradecemos que podemos estar entre aquellos que
siempre reciben verdadera vida nueva, entre quienes te
alaban y glorifican; jubilosos aun en los días difíciles.
Porque es precisamente en los días difíciles que
necesitamos ser de los que son alegres y agradecidos,
que siempre encuentran una nueva certeza en sus vidas.
Con ellos podemos experimentar el bien que tú das en
la tierra, para que la humanidad sea bendecida y venga
por fin a tus manos. Amén.

3

Agosto

Esa luz verdadera, la que alumbra a todo ser humano, venía a este mundo. El que era la luz ya estaba en el mundo, y el mundo fue creado por medio de él, pero el mundo no lo reconoció. Vino a lo que era suyo, pero los suyos no lo recibieron. Mas a cuantos lo recibieron, a los que creen en su nombre, les dio el derecho de ser hijos de Dios. JUAN 1:9–12

Amado Padre que estás en el cielo, te damos gracias que podemos ser tus hijos. Te agradecemos por darnos tu Espíritu, para ser verdaderamente hijos tuyos. Reúnenos en comunión contigo, para que nuestra mente y corazón, y todo dentro de nosotros, se dé cuenta de la alegría que podemos recibir por medio de tus dones. Aunque el mundo de hoy está en confusión, duda y perdido en las cosas materiales, danos la serenidad interior para recibir de ti el poder de la fe. Porque por medio de la fe podemos aprender a conocer lo que eres y lo que serás algún día para toda la humanidad, por medio de Jesucristo el Señor. Amén.

4

Agosto

Por eso yo, que estoy preso por la causa del Señor, les ruego que vivan de una manera digna del llamamiento que han recibido, siempre humildes y amables, pacientes, tolerantes unos con otros en amor. Esfuércense por mantener la unidad del Espíritu mediante el vínculo de la paz. EFESIOS 4:1–3

Amado Padre que estás en el cielo, te damos gracias por las bendiciones que nos das en la tierra, ya que es por medio de tus dones y obra, y por la obra de tus hijos, que podemos creer y ser salvos. Protégenos aquí en nuestro hogar. Que con amor seamos tolerantes unos con otros, y que no escatimemos ningún esfuerzo para mantener la unidad del Espíritu en el vínculo de la paz. Concédenos nuevas fuerzas y nuevos dones dondequiera que los necesitemos en el camino que nos has preparado. Concédenos regocijarnos y confiar en ti hasta alcanzar la meta. Amén.

5

Agosto

«Señor» contestó Simón Pedro, «¿a quién iremos? Tú tienes palabras de vida eterna. Y nosotros hemos creído, y sabemos que tú eres el Santo de Dios».

JUAN 6:68–69

Amado Padre que estás en el cielo, venimos a ti buscando comunión contigo, porque sabemos que toda vida proviene de ti, todo progreso entre nosotros depende de ti, y nuestro ser interior puede ser fortalecido por tu Espíritu. Protégenos y renueva nuestra fortaleza una y otra vez, para que se haga tu voluntad entre nosotros y todos podamos encontrar valor para nuestras vidas, aun cuando nos amenazan muchas dificultades. Concédenos permanecer como tus siervos y andar con alegría para esperar lo que viene. Bendícenos hoy y cada día conforme a tus promesas. Amén.

6

Agosto

He disipado tus transgresiones como el rocío, y tus pecados como la bruma de la mañana. Vuelve a mí, que te he redimido.   ISAÍAS 44:22

Señor nuestro Dios, te damos gracias por establecernos sobre el firme fundamento de tu Palabra y tu promesa, una promesa que expresa el gran anhelo y la esperanza que está en el corazón de tanta gente. Porque ellos no quieren que sus vidas queden en la desgracia y la superficialidad, sino que aspiran hacia algo más alto, con la alegría de que se pueda cumplir en ellos la promesa. Así que nosotros también hoy queremos estar preparados para el tiempo venidero que traerás, y nos llenamos de júbilo en nuestra esperanza del futuro. Nos regocijamos en la expectación del tiempo, cuando nos darás tu Espíritu, a nosotros y a todos los que responden a tu llamado y se convierten en tus colaboradores. Amén.

7
Agosto

Mientras tienen la luz, crean en ella, para que sean hijos de la luz. JUAN 12:36A

Amado Padre que estás en el cielo, como hijos tuyos venimos ante tu presencia, para que nos guíes con la luz que irradia de ti. Venimos a tu luz, buscando un nacimiento interior para que nos convierta en lo que deben ser tus hijos. Bendícenos al darte gracias por toda la bondad y la ayuda poderosa que nos has dado a muchos de nosotros. Acepta las gracias que te ofrecemos, y ayúdanos a nunca olvidarnos del bien que haces por nosotros. Ayúdanos a seguir adelante, siempre adelante, hasta la consumación de tu reino. Que no sea en vano que vivamos para el Señor Jesús y con amor a ti, el Dios y Padre de todos. Que no sea en vano traer nuestras oraciones y peticiones, para que pronto venga tu reino. ¡Sí, ven Señor Jesús! Ven pronto a esta tierra, para que toda la gente pueda reconocer al Dios verdadero y te puedan amar. Amén.

8

Agosto

No hagan nada por egoísmo o vanidad; más bien, con humildad consideren a los demás como superiores a ustedes mismos. Cada uno debe velar no solo por sus propios intereses sino también por los intereses de los demás. La actitud de ustedes debe ser como la de Cristo Jesús. FILIPENSES 2:3-5

Señor nuestro Dios, venimos ante ti en el grandioso nombre de Jesucristo. Te agradecemos que mientras vivamos todavía en la tierra, tú nos das esperanza y alegría en este gran nombre. Que por medio de tu Espíritu nazca algo dentro de nosotros, y nos volvamos de una sola mente con Jesucristo. En todas nuestras relaciones con los demás, que aprendamos que es mejor someternos con paciencia que dominar; mejor servir que gobernar, mejor ser el más débil que oprimir a otros. Danos esta actitud, para que se manifieste en muchos y se hagan cristianos, no solo en sus palabras y pensamientos, sino cristianos de corazón, amando a sus prójimos en unidad con el Salvador, en cada paso del camino. Amén.

9

Agosto

Porque donde dos o tres se reúnen en mi nombre, allí estoy yo en medio de ellos.   MATEO 18:20

Señor nuestro Dios y Padre, te alabamos porque nos permites tener juntos comunidad en el nombre de Jesús, quien nos ha abierto los ojos para verte, y quien ha prometido estar entre nosotros cuando nos reunimos en su nombre. Que nuestro corazón permanezca libre de sombras, aun cuando nuestras vidas se vuelvan difíciles y el futuro parezca sombrío. Protégenos siempre que nos encontremos en tentación y tengamos batallas que luchar. Libéranos; haz de nosotros personas libres, que entienden que te pertenecen, y que, mientras aún estemos en la tierra, nos permitas participar en la vida eterna. Amén.

¿Quién nos apartará del amor de Cristo? ¿La tribulación, o la angustia, la persecución, el hambre, la indigencia, el peligro, o la violencia?… Sin embargo, en todo esto somos más que vencedores por medio de aquel que nos amó.

ROMANOS 8:35, 37

Señor nuestro Dios, ¿qué nos puede separar de tu amor? ¿Acaso pueden dificultades, temor, persecución, hambre, desnudez, peligro o la espada? En todas estas cosas somos más que vencedores, por medio de él, quien nos amó. Amado Padre que estás en el cielo, deseamos ser valientes. Tú responderás nuestras oraciones y nos darás, una y otra vez, la fortaleza, el poder de tu Espíritu, el único poder que puede fortalecernos. Te damos gracias por todo lo que has hecho por nosotros. Ayúdanos para avanzar de victoria en victoria, hasta que todo en la tierra sea vencido por el bien, para honor tuyo en toda la humanidad. Amén.

II

Agosto

¡Qué hermosos son, sobre los montes, los pies del que trae buenas nuevas; del que proclama la paz, del que anuncia buenas noticias, del que proclama la salvación, del que dice a Sión: «Tu Dios reina»! ¡Escucha! Tus centinelas alzan la voz, y juntos gritan de alegría, porque ven con sus propios ojos que el Señor vuelve a Sión.

ISAÍAS 52:7–8

Señor nuestro Dios, concédenos ser tus centinelas, que comprenden lo que significas para nuestro tiempo. Te damos gracias por todo lo que ya has hecho y por cada cambio para el bien entre las naciones. Porque las naciones deben ceder ante tu voluntad, ya que nada sucede a menos que sea logrado por ti. Júzganos cuando sea necesario. Abre nuestros ojos para ver en dónde andamos mal y no de acuerdo a tu Espíritu. Sé con nosotros y danos fortaleza. Dondequiera que pase algo para conmover los corazones humanos, permite que los centinelas proclamen: «Esto proviene de Dios. No importa cuánto suframos; esto proviene de Jesucristo, quien sufrió y murió, pero resucitó». Levanta tales centinelas entre jóvenes y ancianos en todo el mundo. Que haya un pueblo que salga a tu encuentro, gritando con júbilo y agradecimiento. Amén.

Agosto

El Señor es mi fuerza y mi escudo; mi corazón en él confía; de él recibo ayuda. Mi corazón salta de alegría, y con cánticos le daré gracias.   SALMO 28:7

Señor nuestro Dios, tú eres nuestra fuerza y escudo. Nuestros corazones esperan en ti, y recibimos ayuda. Acéptanos de entre todas las naciones como un pueblo que quiere servirte. Fortalece nuestros corazones, especialmente cuando debemos ser probados de muchas maneras y debemos enfrentar muchas dificultades que vienen cuando aceptamos nuestra misión de proclamar tu nombre y dar testimonio de ti. Porque tú eres fuerte y nos puedes proteger. Nos puedes llenar con luz y alegría, para proclamar una y otra vez la salvación que viene por medio de tu bondad y misericordia todopoderosas; salvación en Jesucristo el Señor. Amén.

Volverán los rescatados del Señor, y entrarán en Sión con cánticos de júbilo; su corona será el gozo eterno. Se llenarán de regocijo y alegría, y se apartarán de ellos el dolor y los gemidos. «Soy yo mismo el que los consuela».

ISAÍAS 51:11–12A

Señor nuestro Dios, te damos gracias por la confianza que has puesto en nuestros corazones. Te agradecemos por todas las señales de tu bondad, que nos consuelan cuando tenemos gran necesidad, y cuando ocurren tantas muertes a nuestro alrededor que nos impactan a cada uno de nosotros. Te damos gracias por consolarnos y por darnos siempre un ánimo fresco dondequiera que estemos, y por darnos esperanza por otras personas, que también luchan arduamente para encontrar lo que es bueno. Oh Señor Dios, bendice a nuestro mundo con poder de lo alto, con dones que traen el bien a mucha gente. Bendice nuestro mundo; sálvalo del pecado, de la ruina y de todo tipo de desesperación. ¡Bendícenos, oh Señor nuestro Dios! Así como nos bendices, bendice al mundo entero, para la gloria de tu nombre. Amén.

14

Agosto

Si hubieras prestado atención a mis mandamientos, tu paz habría sido como un río; tu justicia, como las olas del mar.

ISAÍAS 48:18

Señor nuestro Dios, ayúdanos a prestar atención a tus mandamientos, para que nuestra paz sea como un río y nuestra justicia como las olas del mar. Te pedimos que permanezcas con nosotros por medio de tu Espíritu. Háblanos y dinos lo que necesitamos escuchar, para entender todo lo que siempre nos acerca a ti. Muéstranos el poder de tu mano para ayudarnos a nosotros y a toda la gente. No vamos a desesperarnos, incluso bajo juicio; no vamos a perder el valor por problemas y aflicciones. Ven con tu fuerza, para que podamos ser fuertes y vencer al mundo por medio de Jesucristo el salvador. Amén.

15

Agosto

Siempre que oramos por ustedes, damos gracias a Dios, el Padre de nuestro Señor Jesucristo, pues hemos recibido noticias de su fe en Cristo Jesús y del amor que tienen por todos los santos a causa de la esperanza reservada para ustedes en el cielo. De esta esperanza ya han sabido por la palabra de verdad, que es el evangelio que ha llegado hasta ustedes. Este evangelio está dando fruto y creciendo en todo el mundo, como también ha sucedido entre ustedes desde el día en que supieron de la gracia de Dios y la comprendieron plenamente. COLOSENSES 1:3–6

Señor nuestro Dios, alabamos tu nombre, porque podemos dar testimonio de lo que vemos y oímos, de todo el bien que nos has dado. Que estemos unidos con firmeza y fidelidad, esperando el día glorioso cuando tu mano todopoderosa prevalezca en victoria y ponga fin a tantos males entre nosotros. Ese día serás alabado a lo largo de todas las naciones y todo se revestirá de lo nuevo, para la gloria de tu gran nombre. Amén.

16

Agosto

Confía en Dios, y él te ayudará; procede rectamente y espera en él. Ustedes, los que honran al Señor, confíen en su misericordia; no se desvíen del camino recto, para no caer. Los que honran al Señor, confíen en él, y no quedarán sin recompensa.   ECLESIÁSTICO 2:6–8 DHH

Amado Padre que estás en el cielo, venimos ante ti para recibir lo que necesitamos como tus hijos, pues no podemos encontrar por nuestra cuenta ayuda y guía, sino solamente por medio de tu Espíritu. Ilumínanos con tu Palabra, que solo tú puedes dar. Tú nos darás tu Palabra para saber, con absoluta certeza y claridad, cómo servirte. Tu Palabra nos mostrará la verdad que se revelará en Jesucristo al mundo. Guárdanos en el refugio de tus manos. Fortalécenos, especialmente durante el sufrimiento, y libéranos del temor y temblor. Llena nuestros corazones de paciencia y alegría. Amén.

17

Agosto

La paz les dejo; mi paz les doy. Yo no se la doy a ustedes
como la da el mundo. No se angustien ni se acobarden.

JUAN 14:27

Amado Padre que estás en el cielo, te damos gracias por
mantener abierto un camino en nuestros corazones y
por traernos la paz de Jesucristo. Ayúdanos a mantener
abierto este camino. Concédenos la paz en este mundo
devastado por tempestades. Concédenos la paz cuando
muchas dificultades e incertidumbres intentan ocupar
nuestros corazones. No tenemos fuerza en nosotros
mismos, solamente en él, quien vive y nos da fortaleza,
quien está a nuestro lado y nunca nos abandonará. Su
luz siempre irrumpirá de nuevo entre nosotros. Su
luz alumbrará sobre mucha gente y los conducirá al
día prometido; el día que dará cumplimiento a todas
nuestras esperanzas. Amén.

18

Agosto

Pero yo siempre estoy contigo, pues tú me sostienes de la mano derecha. Me guías con tu consejo, y más tarde me acogerás en gloria. Salmo 73:23-24

Gracias, gran Dios y Padre, por llenar nuestros corazones de confianza que nos da buena esperanza, también por aquellos que todavía no han encontrado esta confianza. Gracias por darnos el valor para enfrentar todas las cuestiones que surgen en la vida humana, y por aceptarnos una y otra vez cuando acudimos ante ti. Tú sabes lo que está delante de nosotros, conoces las montañas que hay que mover; sabes todas las cosas que nos frustran y tratan de agotarnos; y tú las quitarás. Al final, tu luz alumbrará en todas las tinieblas; y esta certidumbre nos llena de alegría y agradecimiento. En esta fe estamos determinados a permanecer firmes y perseverar hasta la victoria. Amén.

Agosto

¿A quién tengo en el cielo sino a ti? Si estoy contigo, ya nada quiero en la tierra. Podrán desfallecer mi cuerpo y mi espíritu, pero Dios fortalece mi corazón; él es mi herencia eterna. SALMO 73:25–26

Amado Dios y Padre nuestro, si solamente te tenemos a ti, no deseamos nada más ni en el cielo ni en la tierra. El cuerpo y el alma pueden fallar pero tú, oh Dios, eres la fortaleza y el consuelo de nuestros corazones, y eres nuestro para siempre. Que vivamos en tu Espíritu y que tu luz nos alumbre. Toca nuestros corazones y ayúdanos a entender la grandeza de que tú nos llames. Ayúdanos y libéranos una y otra vez para que no seamos atados por el miedo, aun cuando debemos atravesar por intenso sufrimiento. Porque tu mano estará con nosotros y nos rescatará. Tu mano logrará el bien para nosotros y para toda la gente a nuestro alrededor. Nuestros corazones están con ellos y te rogamos también por ellos: «Señor, envía a todos tu salvador». Amén.

Agosto

Por lo tanto, ya no hay ninguna condenación para los que están unidos a Cristo Jesús. ROMANOS 8:1

Señor nuestro Dios, concédenos ser hijos tuyos, quienes reciben de ti el Espíritu y todo lo que necesitamos. Tú nos fortaleces, no solamente de manera física, sino también en nuestro interior, en nuestro corazón, habilitándonos para enfrentar las incertidumbres de la vida terrenal y todo lo que aún necesita cambiarse en la sociedad humana. Guárdanos de rendirnos a nuestras debilidades. Que tu poder siempre esté con nosotros. Que tengamos paciencia y esperanza, porque estás obrando para el bien y podemos esperarlo con expectación. Amén.

Por último, hermanos, consideren bien todo lo verdadero, todo lo respetable, todo lo justo, todo lo puro, todo lo amable, todo lo digno de admiración, en fin, todo lo que sea excelente o merezca elogio. Pongan en práctica lo que de mí han aprendido, recibido y oído, y lo que han visto en mí, y el Dios de paz estará con ustedes.

FILIPENSES 4:8–9

Amado Padre que estás en el cielo, permite que nuestros pensamientos sean llenos de todo lo que es honorable, justo, puro, amable, bueno y digno de alabanza. Queremos esperar por tu Espíritu, sin dar lugar a la ansiedad, sino mostrándonos dignos de ser tus hijos. Nosotros queremos ser tus hijos, que se elevan por encima incluso de las condiciones más difíciles y mantienen una confianza apacible, para la gloria de tu Espíritu en nosotros. Protégenos ahora y siempre con tu divina paz. Amén.

Agosto

Cual ciervo jadeante en busca del agua, así te busca, oh Dios, todo mi ser. Tengo sed de Dios, del Dios de la vida. ¿Cuándo podré presentarme ante Dios?... ¿Por qué voy a inquietarme? ¿Por qué me voy a angustiar? En Dios pondré mi esperanza y todavía lo alabaré. ¡Él es mi salvador y mi Dios! SALMO 42:1–2, 5

Señor nuestro Dios, como el ciervo brama en busca de agua fresca, así anhelan nuestras almas por ti, oh Dios. Nuestras almas tienen sed de ti, del Dios vivo. Nos presentamos ante tu presencia y derramamos nuestros corazones delante de ti. Traemos ante ti todo lo que nos duele, todos nuestros sufrimientos y necesidades. También te traemos nuestras esperanzas y muchas pruebas que nos has dado para no arruinar nuestras vidas, ya que pueden ser dirigidas a grandes cosas. Que la luz de tu Espíritu alumbre en nosotros hoy y siempre. Amén.

Agosto

Por lo tanto, hermanos, esfuércense más todavía por asegurarse del llamado de Dios, que fue quien los eligió. Si hacen estas cosas, no caerán jamás, y se les abrirán de par en par las puertas del reino eterno de nuestro Señor y salvador Jesucristo. 2 PEDRO 1:10–11

Señor nuestro Dios, te damos gracias que nos has dado entrada al reino eterno de nuestro Señor y salvador Jesucristo. Te agradecemos por haber comenzado a darnos una nueva visión, que ya se están transformando muchas cosas, para que andemos alegre y confiadamente en nuestro camino, con esperanza de lo que aún está por resolver. Que todo esto viva en nuestro corazón y nos llene de agradecimiento a ti. Queremos ser valientes y no perder de vista todo lo que todavía hay que cambiar. Entonces podremos participar como trabajadores de tu viña. Que la luz que nos has dado siga alumbrando en nosotros, cada vez con mayor intensidad, como has prometido. Amén.

24

Agosto

Además de todo esto, tomen el escudo de la fe, con el cual pueden apagar todas las flechas encendidas del maligno.

EFESIOS 6:16

Señor nuestro Dios, anhelamos entrar en tu luz y vivir en tu fortaleza, para hacer lo que te agrada y promover tu reino en la tierra. Protégenos del mal y no permitas que seamos heridos por las flechas encendidas del maligno. Cada vez que no sepamos cómo seguir adelante, haz caminos para nosotros. Siempre sabemos que eres nuestro Padre, y, porque lo eres, queremos ser valientes y perseverar hasta el final, para que nuestras vidas den fruto para ti, para la gloria de tu nombre. Amén.

Agosto

No se amolden al mundo actual, sino sean transformados mediante la renovación de su mente. Así podrán comprobar cuál es la voluntad de Dios, buena, agradable y perfecta. ROMANOS 12:2

Concédenos tu Espíritu, Señor nuestro Dios, para que podamos discernir tu buena, agradable y perfecta voluntad. Danos alegría para luchar a tu lado, para que lo bueno, agradable y perfecto pueda ser impartido al mundo. En donde quiera que estemos y en cualquier trabajo que hagamos, danos el fervor para servirte y ser guiados por ti, para que se haga tu voluntad y venga tu reino, para que ya desde ahora podamos encontrar felicidad, aunque solo sea en la esperanza. Amén.

26

Agosto

Señor, hazme conocer tus caminos; muéstrame tus sendas. Encamíname en tu verdad, ¡enséñame! Tú eres mi Dios y salvador, ¡en ti pongo mi esperanza todo el día! SALMO 25:4–5

Señor nuestro Dios, sé nuestro Padre y cuida de tus hijos en la tierra, donde a menudo es extremadamente difícil y donde todo parece volverse en contra de nosotros. Ayúdanos a mantenernos fieles en nuestra vida interior, tomando de ti todas nuestras fuerzas, el poder eterno de la vida, y de Jesucristo, el Salvador del mundo. Porque Jesús ha prometido venir a nosotros, y tú lo enviarás en tiempo de necesidad. Permite que tu mano fuerte sea con los que a menudo no saben adónde acudir. Muéstranos caminos que podamos seguir, para la gloria de tu nombre por toda la eternidad. Amén.

27

Agosto

Oye, Señor, mi voz cuando a ti clamo; compadécete de mí y respóndeme. El corazón me dice: «¡Busca su rostro!» Y yo, Señor, tu rostro busco. No te escondas de mí.

SALMO 27:7–9A

Te damos gracias, amado Padre que estás en el cielo, por permitir que la luz de tu rostro resplandezca en nuestros corazones. Te suplicamos que consideres nuestro tiempo; que, con tu clara y penetrante mirada, permitas que toda persona sienta que tú la observas, más de lo que pueden entender. Permite que se den cuenta de que un Dios fuerte y Padre poderoso los observa y cuida de ellos. Protégenos en nuestro camino, y permite que tu luz alumbre cada vez con mayor intensidad, para que en todo lo que hacemos tu nombre sea glorificado. Amén.

28

Agosto

El Señor reina, revestido de esplendor; el Señor se ha revestido de grandeza y ha desplegado su poder. Ha establecido el mundo con firmeza; jamás será removido.

SALMO 93:1

Señor nuestro Dios, tú eres rey, fundando un reino que llega hasta los confines de la tierra y su establecimiento perdurará para siempre. Te damos gracias por tener refugio en tus manos, para que ninguna enfermedad del cuerpo o del alma nos pueda hacer daño permanente. Te agradecemos por elevarnos una y otra vez a la vida verdadera, con la luz y el poder para vencer lo que es terrenal; vida verdadera con la flexibilidad para permanecer confiados y seguros sin importar lo que suceda; vida verdadera dirigida al gran destino del reino de Dios, prometido en Jesucristo. Amén.

29

Agosto

Acuérdense de sus dirigentes, que les comunicaron la palabra de Dios. Consideren cuál fue el resultado de su estilo de vida, e imiten su fe.... No se dejen llevar por ninguna clase de enseñanzas extrañas. Conviene que el corazón sea fortalecido por la gracia, y no por alimentos rituales que de nada aprovechan a quienes los comen.

HEBREOS 13:7, 9

Señor nuestro Dios, amado Padre que estás en el cielo, te damos gracias por todo lo que haces en nuestras vidas, por extender tu mano hacia nosotros en la tierra, a través de nuestro salvador Jesucristo. Nos encomendamos a ti, sabiendo que todo depende de tu soberanía sobre nuestras vidas. Tu reinado es el que nos permite seguir adelante, con tu fortaleza y tu luz, encontrando siempre una nueva alegría, a pesar de luchas y tentaciones. Que tu mano poderosa sea con quienes te invocan, sin importar cómo lo hagan. Tú conoces los corazones y sabes quienes son sinceros, y enviarás a tu salvador para sacarlos del mal y las tinieblas. Permanece con nosotros ahora y siempre. Amén.

Agosto

Mis ovejas oyen mi voz; yo las conozco y ellas me siguen. Yo les doy vida eterna, y nunca perecerán, ni nadie podrá arrebatármelas de la mano. JUAN 10:27–28

Amado Padre que estás en el cielo, te damos gracias por cambiar nuestros corazones, para que entendamos que somos tus hijos. Aun en medio de confusión y maldad, miedo y dolor, tú nos traes felicidad, sabemos que tu diestra nos sostiene y que al final nos librarás de todo mal. Permite que tu Espíritu obre en todas partes. Danos paciencia cuando se necesita tiempo en nuestros propios corazones y en los corazones de todos los pueblos, quienes también te pertenecen. Continúa fortaleciéndonos, para que incluso la carga más pesada no nos aplaste, y podamos regocijarnos en la esperanza, ya que tú enmiendas todo mal, para la gloria de tu nombre. Amén.

31

Agosto

Que todos nos consideren servidores de Cristo, encargados de administrar los misterios de Dios. Ahora bien, a los que reciben un encargo se les exige que demuestren ser dignos de confianza.   I CORINTIOS 4:1-2

Amado Padre que estás en el cielo, abre nuestros corazones, para apreciar y sentir cómo nuestras vidas han sido bendecidas. Abre nuestros corazones a tus bendiciones, para que podamos mirar hacia adelante, con agradecimiento y alegría, a lo que está por venir. Concédenos que podamos ser fieles a lo que hemos recibido de ti, y nunca más nos perdamos en momentos efímeros. Que nos aferremos a todo lo eterno que has traído a nuestros corazones, que tu nombre sea honrado, y nuestras vidas se formen de nuevo en Jesucristo. Danos valor para superar los males de la vida y esperar con alegría y expectación segura del futuro, cuando los poderes de tu reino se revelarán siempre con mayor claridad. Amén.

Septiembre

I

Septiembre

Por lo tanto, si alguno está en Cristo, es una nueva creación. ¡Lo viejo ha pasado, ha llegado ya lo nuevo!

2 CORINTIOS 5:17

Amado Padre que estás en el cielo, abre nuestros corazones para ver lo que es bueno en nuestras vidas. Que la luz de nuestros corazones alumbre con claridad, para que podamos ver, reconocer y vivir de acuerdo con lo que proviene de la eternidad y pertenece a nuestra verdadera naturaleza, traída a nosotros por medio de Cristo. Guárdanos de quedarnos ciegos y sordos por las experiencias que suceden. Ayúdanos a elevarnos por encima de ellas, incluso en el sufrimiento, y a esperar pacientemente por lo que se está volviendo nuevo y perfecto. Alabado sea tu nombre, para que también nosotros podamos decir: «¡Lo viejo ha pasado; vean, ha llegado ya lo nuevo!». Amén.

Más bien, en todo y con mucha paciencia nos acreditamos como servidores de Dios: en sufrimientos, privaciones y angustias; en azotes, cárceles y tumultos; en trabajos pesados, desvelos y hambre…por honra y por deshonra, por mala y por buena fama; veraces, pero tenidos por engañadores; conocidos, pero tenidos por desconocidos; como moribundos, pero aún con vida; golpeados, pero no muertos; aparentemente tristes, pero siempre alegres; pobres en apariencia, pero enriqueciendo a muchos; como si no tuviéramos nada, pero poseyéndolo todo.

2 CORINTIOS 6:4–5, 8–10

Amado Padre que estás en el cielo, tú siempre estás cerca de nosotros en la tierra, te damos gracias por todo el amor que infundes a nuestras vidas, para que estemos alegres, aun en toda clase de tentaciones y luchas. ¡Cuánto nos has dado y con cuánta frecuencia nos has rescatado de la aflicción! Una y otra vez has dejado que resplandezca la luz de la vida. Nos das luz, no solo en cada momento, sino también para el futuro, nos permites recibir fortaleza y seguridad en el presente, el pasado y el futuro, para la gloria de tu nombre. Amén.

3

Septiembre

Por tanto, no nos desanimamos. Al contrario, aunque por fuera nos vamos desgastando, por dentro nos vamos renovando día tras día. Pues los sufrimientos ligeros y efímeros que ahora padecemos producen una gloria eterna que vale muchísimo más que todo sufrimiento. Así que no nos fijamos en lo visible sino en lo invisible, ya que lo que se ve es pasajero, mientras que lo que no se ve es eterno. 2 CORINTIOS 4:16−18

Señor nuestro Dios, te damos gracias porque vienes a ayudarnos con tu fuerza y poder. Te agradecemos que vengas a nosotros en nuestros sufrimientos, y por fortalecernos en todo lo que tenemos que soportar en la tierra. Tú nos ayudas para que lo bueno y lleno de luz llegue cada vez más a nosotros y a toda la gente. Te damos gracias y oramos que tu poder, que proviene del mundo invisible a uno visible, continúe su obra discreta y silenciosa entre nosotros, hasta el día en que todo el mundo pueda ver a Jesucristo, quien es el mismo ayer, hoy y por toda la eternidad. Amén.

Él nos salvó, no por nuestras propias obras de justicia sino por su misericordia. Nos salvó mediante el lavamiento de la regeneración y de la renovación por el Espíritu Santo, el cual fue derramado abundantemente sobre nosotros por medio de Jesucristo nuestro salvador. Así lo hizo para que, justificados por su gracia, llegáramos a ser herederos que abrigan la esperanza de recibir la vida eterna.

TITO 3:5−7

Señor nuestro Dios, que tu luz alumbre en nuestros corazones, la luz que nos puede alegrar y guiar hasta calmar todo nuestro anhelo. Que la naturaleza superior, nacida en nosotros, sea cada vez más fuerte, para que la naturaleza inferior y perecedera no nos domine. Concédenos ser vencedores y que nuestros corazones se regocijen por tener el privilegio de luchar por el bien supremo, porque somos tus hijos y podemos compartir en lo que es eterno. Amén.

5

Septiembre

He peleado la buena batalla, he terminado la carrera, me he mantenido en la fe. Por lo demás me espera la corona de justicia que el Señor, el juez justo, me otorgará en aquel día; y no solo a mí, sino también a todos los que con amor hayan esperado su venida.

2 TIMOTEO 4:7–8

Te damos gracias, Padre que estás en el cielo, que te preocupas por nosotros y por unirnos a ti a través de todas tus obras y toda tu ayuda. Te agradecemos por mostrarnos un camino de esperanza, un camino que siempre se hace más claro y más firme bajo nuestros pies. En este camino podemos desafiar todos los males de este mundo y de esta época, sabiendo con certeza que todo saldrá bien y que todos seremos guiados al destino maravilloso y eterno, aun cuando tenemos que negarnos a nosotros mismos y atravesar por mucho sufrimiento. Tu reino debe llegar para la gloria de tu nombre, para que toda persona pueda vivir en un plano superior y te sigan a ti, la única ayuda y vida verdaderas. Amén.

6

Septiembre

Cuando Jesús se dio cuenta, se indignó y les dijo: «Dejen que los niños vengan a mí, y no se lo impidan, porque el reino de Dios es de quienes son como ellos. Les aseguro que el que no reciba el reino de Dios como un niño, de ninguna manera entrará en él». MARCOS 10:14–15

Amado Padre que estás en el cielo, ¡cómo agradecerte por todo lo que nos das, a tus hijos; por la gran sabiduría y poder que tienes disponible para nosotros cuando somos como niños! Queremos ser alegres en tu presencia. No queremos llorar ni quejarnos, aunque a menudo las lágrimas amenazan con salir. Te pedimos que protejas a tus hijos, protege a todos tus niños en el mundo. Que el dolor que les sobrevenga se aleje de ellos. Aun cuando tenemos que seguir un camino difícil, permite que todo el sufrimiento que soportamos sea parte de la lucha que acerca el reino de los cielos, trayendo tu propósito a la tierra: tu gran misericordia y maravilloso perdón, que hace posible que la gente vuelva a nacer, hasta que al fin todos seamos llamados tus hijos. Susténtanos, ayúdanos y bendícenos. Que el Señor siempre viva entre nosotros, revitalizándonos y fortaleciéndonos en cuerpo y alma. Amén.

7

Septiembre

¡Alabado sea Dios, Padre de nuestro Señor Jesucristo! Por su gran misericordia, nos ha hecho nacer de nuevo mediante la resurrección de Jesucristo, para que tengamos una esperanza viva y recibamos una herencia indestructible, incontaminada e inmarchitable. Tal herencia está reservada en el cielo para ustedes.

I PEDRO 1:3-4

Señor nuestro Dios, recuérdanos una y otra vez lo que has hecho en nuestras vidas y corazones, para darnos certeza de la resurrección. Ayúdanos a vivir en esta certeza y a aferrarnos a todo lo bueno y grande que traes a nuestras vidas. Concédenos la seguridad, de que estamos ganando terreno en la batalla por la redención, de aquellos que todavía están en tinieblas y en sombra de muerte. Que encontremos alegría en lo que tenemos aquí y ahora. Danos paciencia en nuestras luchas. Danos esperanza por todo lo que ha salido mal, porque aun lo que está en oscuridad todavía está en tus manos. Al final, todo saldrá a la luz, para que toda la humanidad pueda glorificar tu grandioso nombre. Amén.

8

Septiembre

¿Se habrá olvidado Dios de sus bondades, y en su enojo ya no quiere tenernos compasión? Y me pongo a pensar: «Esto es lo que me duele: que haya cambiado la diestra del Altísimo». Prefiero recordar las hazañas del Señor, traer a la memoria sus milagros de antaño. Meditaré en todas tus proezas; evocaré tus obras poderosas.

SALMO 77:9–12

Señor Dios, nuestro Padre que estás en el cielo, nos volvemos a ti en estos tiempos que vivimos bajo intenso estrés y muchas tentaciones. Permite que tu luz resplandezca en nuestros corazones para darnos firmeza, paciencia y perseverancia en todo momento de prueba, sin importar el tiempo que dure. Tu mano puede cambiar todo. Tu mano puede acortar el tiempo que debemos esperar, hasta que tu luz alumbre sobre las tinieblas de la muerte y la maldad, hasta que tu luz manifieste tu vida, a tus hijos y al mundo entero. Tú eres nuestro Dios y Padre como nos has prometido, y, permaneciendo a tu lado, esperamos en ti con fe y confianza. Tú harás realidad la bondad, justicia y misericordia como lo has prometido y así cumplirás tu voluntad. Amén.

9

Septiembre

Por último, fortalézcanse con el gran poder del Señor.
Pónganse toda la armadura de Dios para que puedan
hacer frente a las artimañas del diablo.

EFESIOS 6:10–11

Señor Dios, te damos gracias que tu voluntad es fortalecernos con tu presencia, por medio de Jesucristo, el líder de tu causa, quien es y sigue siendo victorioso en toda la tierra. Nuestras almas necesitan fortaleza y nuestros corazones necesitan confianza, para que en esta época podamos acercarnos a ti y a tu reino. Bendícenos con el Espíritu Santo, cada vez que comencemos a agotarnos. Tu Espíritu Santo puede darnos la fortaleza para creer y esperar, la fuerza para ver la salvación que viene a dar alegría al mundo entero. Amén.

10

Septiembre

Tu palabra es una lámpara a mis pies; es una luz en mi sendero.
SALMO 119:105

Señor nuestro Dios, entramos en tu presencia. Mira con misericordia sobre nosotros, tus hijos pobres y débiles, que no sabemos adónde acudir, a menos que nos ayudes con tu mano poderosa. Nosotros confiamos en ti. Tú nos ayudarás y siempre estarás con nosotros, incluso en los momentos difíciles lograrás hacer tu voluntad para lo que es bueno. Bendícenos hoy al reunirnos para escuchar tu Palabra. Que tu Palabra siempre sea nuestra fortaleza y alegría. Tu Palabra nos da victoria en nuestra vida y en todo el mundo, para que se haga tu voluntad en la tierra como en el cielo. Amén.

II

Septiembre

Después de su sufrimiento, verá la luz y quedará satisfecho; por su conocimiento mi siervo justo justificará a muchos, y cargará con las iniquidades de ellos.

ISAÍAS 53:11

Señor nuestro Dios, nuestro Padre que estás en el cielo, te damos gracias por permitir que nuestros fracasos y pecados se presenten ante ti, y por darnos al que interviene para que nos ayude tal y como somos, con la ayuda apropiada para las cosas buenas y malas en nuestras vidas. Te agradecemos que pueda ser consolada toda nuestra época, y que incluso el terrorismo de nuestros días pueda ser transformado para el bien, porque ya todo está delante de tus ojos santos. La salvación resultará del desastre, y de la muerte, la vida. ¡Alabado sea tu nombre glorioso y omnipotente! Protege nuestra fe en tu siervo. Que siempre encontremos fortaleza y valentía, aun cuando estemos en dolor. El tiempo se acerca, cuando se revelará tu amorosa bondad a todas las naciones de la tierra. Amén.

Septiembre

Cuando sepan de guerras y de rumores de guerras, no se alarmen. Es necesario que eso suceda, pero no será todavía el fin. Se levantará nación contra nación, y reino contra reino. Habrá terremotos por todas partes; también habrá hambre. Esto será apenas el comienzo de los dolores.... Pero primero tendrá que predicarse el evangelio a todas las naciones.... Todo el mundo los odiará a ustedes por causa de mi nombre, pero el que se mantenga firme hasta el fin será salvo.

MARCOS 13:7–8, 10, 13

Señor nuestro Dios, soberano del mundo, tu anhelo es ver tus pensamientos y voluntad en todos los pueblos, venimos delante de ti y te pedimos encontrar fortaleza en tu Palabra y nunca dejar de esperar la venida de tu reino. Aunque el mundo ataque con violencia y furia; aunque los reinos terrenales se levanten unos contra otros; y todo parezca sombrío; incluso entonces manifiesta tu presencia y permite que tu reino avance sigilosamente para la honra de tu nombre. Ayúdanos a aproximarnos a la meta que Jesús nos ha mostrado, más cerca del tiempo que esperamos, el día de tu venida, cuando todas las cosas serán hechas nuevas y buenas, por medio de tu poder, con la ayuda de tu Espíritu. Amén.

13

Septiembre

Porque por gracia ustedes han sido salvados mediante la fe; esto no procede de ustedes, sino que es el regalo de Dios, no por obras, para que nadie se jacte.

EFESIOS 2:8—9

Señor nuestro Dios, sabemos que somos tus hijos, y en esta certeza nos reunimos en tu presencia como una comunidad. Concédenos tu Espíritu, el Espíritu que obra en nosotros y nos libera de muchos males que todavía nos atormentan. Sé con nosotros y permite que el poder de tu inmensa gracia y misericordia esté en nuestros corazones, para que podamos alcanzar la victoria y llevar vidas alegres en la tierra, a pesar de nuestras muchas limitaciones, errores y pecados. Porque tu gracia es enorme, mucho más inmensa que todos nuestros fracasos. Tú eres nuestro Dios y Padre, y queremos mantener limpias nuestras conciencias hoy y siempre con la ayuda de tu gracia. Amén.

14
Septiembre

«Este es el pacto que después de aquel tiempo haré con el pueblo de Israel» afirma el Señor: «Pondré mi ley en su mente, y la escribiré en su corazón. Yo seré su Dios, y ellos serán mi pueblo. Ya no tendrá nadie que enseñar a su prójimo, ni dirá nadie a su hermano: "¡Conoce al Señor!", porque todos, desde el más pequeño hasta el más grande, me conocerán», afirma el Señor. «Yo les perdonaré su iniquidad, y nunca más me acordaré de sus pecados». JEREMÍAS 31:33–34

Señor nuestro Dios, en ti esperamos. Hay algo que nunca deja nuestros corazones: tu promesa de que serás nuestro Dios, nuestro Dios en Jesucristo. Esta se mantiene firme y queremos afirmarnos en ella con total confianza. Porque tu Palabra permanece infalible y todas tus obras nos guían hacia el día grande y maravilloso, cuando serás glorificado, cuando por fin nuestros corazones sean libres al conocerte. Podemos ser libres de todas nuestras obras, libres de todo miedo e indecisión, libres de todo sufrimiento y angustia, porque sabemos que tú, oh Dios, eres nuestro Padre. Amén.

15

Septiembre

«Porque mis pensamientos no son los de ustedes, ni sus caminos son los míos» afirma el Señor. «Mis caminos y mis pensamientos son más altos que los de ustedes; ¡más altos que los cielos sobre la tierra!»   ISAÍAS 55:8–9

Señor nuestro Dios, te damos gracias por permitirnos acercarnos a ti y presentarnos delante de tu rostro. Te agradecemos por ayudarnos durante toda nuestra vida en la tierra, por fortalecer nuestra fe en ti y nuestra confianza en todo lo que haces. Bendícenos y danos valentía. Que tu luz alumbre entre todos los pueblos, para que reconozcan tu voluntad. Que tu luz alumbre para que tu nombre sea alabado y podamos regocijarnos en el tiempo nuevo que nos das, porque estarás obrando y lo llevarás a cabo. Aunque no sabemos qué será de nuestro tiempo, tú sabes lo que necesita nuestra época, y llevarás a cabo tu voluntad. Dejarás que tu nombre sea honrado. Traerás tu reino y cambiarás todo para el bien. Amén.

16

Septiembre

Cuando venga el Consolador, que yo les enviaré de parte del Padre, el Espíritu de verdad que procede del Padre, él testificará acerca de mí. Y también ustedes darán testimonio porque han estado conmigo desde el principio.

JUAN 15:26-27

Gran Dios y Salvador, tú quieres guiarnos de tu mano, para que, en comunión contigo, aprendamos cómo vivir una vida verdadera. Te damos gracias por todo lo que ya hemos recibido. Oramos para que nos sigas guiando. Dirígenos en todas las áreas de nuestra vida por medio de tu Espíritu. Concede que el Espíritu, que puede iluminar nuestros corazones, nos ayude a encontrar valor renovado, nueva fortaleza y una nueva comprensión de la verdad. A ti pertenecen todas nuestras alabanzas, porque solo tú puedes avivarnos. Solo tú nos liberas de todas nuestras cargas y del dolor de la muerte, para que, a pesar de las luchas y el trabajo duro, siempre podamos elevarnos a ti, nuestro Dios en las alturas, para la gloria de tu nombre sobre la tierra. Amén.

Septiembre

La gente estaba sumamente asombrada, y decía: «Todo lo hace bien. Hasta hace oír a los sordos y hablar a los mudos». MARCOS 7:37

Señor nuestro Dios, tú llenas cielo y tierra con tu Espíritu y nos permites compartir de tus dones. Te damos gracias por todo lo que nos has dado, por todo lo que nos estás dando y nos darás. Somos pobres y necesitados, a pesar de nuestros esfuerzos, anhelos y búsqueda. Solo tú, por medio de tu Espíritu, puedes encender algo en nosotros que nos ayude a seguir hacia tu meta. Guárdanos de quedar atrapados en lo hace la gente; la suprema ayuda para nuestros corazones es lo que tú haces. Cada uno de nosotros ha recibido ayuda más allá de lo que hubiéramos esperado o imaginado. ¡Cuánto has hecho por nosotros! ¡Cuánto estás haciendo por las naciones! Sí, te lo agradecemos en este tiempo. Aunque nuestras vidas a menudo parecen sin esperanza y llenas de dolor, tus poderes todavía viven entre nosotros, obrando para nuestro bien y despertándonos a una nueva vida. Con seguridad llegará el tiempo cuando nuestros corazones sean liberados de su hambre, y podamos ser llenos con la vida celestial que nos das en Jesucristo. Amén.

Septiembre

Las doce puertas eran doce perlas, y cada puerta estaba hecha de una sola perla. La calle principal de la ciudad era de oro puro, como cristal transparente. No vi ningún templo en la ciudad, porque el Señor Dios todopoderoso y el Cordero son su templo. La ciudad no necesita ni sol ni luna que la alumbren, porque la gloria de Dios la ilumina, y el Cordero es su lumbrera.

APOCALIPSIS 21:21−23

Señor nuestro Dios, te damos gracias por habernos dado tu futuro glorioso como base para nuestras vidas. Te agradecemos porque con este fundamento podemos olvidar nuestros problemas actuales, y creer que la fuerza del bien puede cambiarnos hoy para resistir al pecado, la muerte, y todo lo malo. Libera nuestros corazones de todas las cargas, y concédenos tener valor para esperar pacientemente la gran ayuda que está por llegar. Concede que lo que está sucediendo en el mundo de hoy, de alguna manera, pueda ayudar para la solución de todos los problemas. Padre que estás en el cielo, alabamos tu nombre. Te alabamos por lo bueno que haces cada día por nosotros, y por la luz que un día resplandecerá sobre todo lo que existe en la tierra, para la gloria de tu nombre. Amén.

19

Septiembre

Ustedes son testigos de lo que hice con Egipto, y de que los he traído hacia mí como sobre alas de águila. Si ahora ustedes me son del todo obedientes, y cumplen mi pacto, serán mi propiedad exclusiva entre todas las naciones. Aunque toda la tierra me pertenece, ustedes serán para mí un reino de sacerdotes y una nación santa.

ÉXODO 19:4-6A

Señor nuestro Dios y Padre, te damos gracias por toda la luz que haces brillar sobre la tierra para alegrar nuestros corazones. Tu luz nos muestra cómo vivir en tu creación con ojos y corazón abiertos, recibiendo como los niños todos los buenos regalos de tu mano. ¡Cuánto bien envías a muchos corazones tristes, y cuánta fortaleza a aquellos que viven en debilidad, pobreza y enfermedad! Concede que podamos reconocer lo que viene de ti, que no estemos desanimados de espíritu, sino elevados una y otra vez como el vuelo de las águilas. Que aprendamos a decir en todo momento: «¡Sobre cuánta necesidad no ha extendido sus alas para protegernos nuestro Dios misericordioso!». Amén.

Septiembre

Grande es el Señor, y digno de toda alabanza; su grandeza es insondable. Cada generación celebrará tus obras y proclamará tus proezas. Se hablará del esplendor de tu gloria y majestad, y yo meditaré en tus obras maravillosas. SALMO 145:3-5

Señor Dios, nuestro ayudador, te damos gracias por caminar entre nosotros y permitir que muchos experimenten tu protección. Incluso cuando nos estamos muriendo, tú nos proteges y ayudas para no pasar a la muerte sino entrar en la vida. Que nuestros corazones se eleven a ti. Concede que la luz que hay en nosotros continúe alumbrando, y que con sinceridad nos presentemos ante ti. Señor Dios, crea bien del mal. Permite que la luz resplandezca en las tinieblas. Cumple tu promesa, porque nuestros corazones no están interesados en deseos humanos, sino en tu promesa. Tú la llevarás a cabo, y nosotros podremos decir: «Nuestra fe no fue en vano y nuestra esperanza no fue inútil. Señor nuestro Dios, tu nos has bendecido millares de veces». Amén.

Septiembre

En el último día, el más solemne de la fiesta, Jesús se puso de pie y exclamó: «¡Si alguno tiene sed, que venga a mí y beba! De aquel que cree en mí, como dice la Escritura, brotarán ríos de agua viva». JUAN 7:37–38

Amado Padre que estás en el cielo, te damos gracias por enviar poderes desde lo alto a nuestra vida terrenal. Te agradecemos por enviarnos una naturaleza superior, con la que podemos vivir para los demás, porque vivimos de lo que recibimos de ti. Que seamos como niños: sencillos, inocentes y confiados. Cuando alguien se desespere de sí mismo, muéstrale el camino al Salvador, para que pueda encontrar confianza. Muéstranos el camino de la confianza, para nosotros mismos y toda persona, porque tu voluntad es que todos reciban ayuda. Amén.

22

Septiembre

No nos trata conforme a nuestros pecados ni nos paga según nuestras maldades. Tan grande es su amor por los que le temen como alto es el cielo sobre la tierra. Tan lejos de nosotros echó nuestras transgresiones como lejos del oriente está el occidente. SALMO 103:10−12

Señor nuestro Dios, elevamos nuestros corazones a ti, porque has dado grandes promesas a los que te temen. Que tu Palabra nos fortalezca en fe, paciencia y esperanza. Permanece con todos los que te invocan, suplicando por ayuda en nuestro tiempo. Porque estos tiempos deben servir para nuestro bien, ya que a pesar del pecado, la muerte y la maldad, podemos encontrar alegría en lo que tú estás haciendo. Te invocamos a ti, oh Señor nuestro Dios. Permite que tu mano se manifieste, que algo pueda verse además de los empeños y esfuerzos de manos humanas. Que la obra de tus manos sea visible ante muchos, en todas las naciones de la tierra. Que tu nombre sea honrado, oh Señor nuestro Dios, que venga tu reino y se haga tu voluntad en la tierra como en el cielo. Amén.

23

Septiembre

Por esto dice: «Cuando ascendió a lo alto, se llevó consigo a los cautivos y dio dones a los hombres».

EFESIOS 4:8

Amado Padre que estás en el cielo, te damos gracias porque nos has dado desde lo alto al Señor Jesús, y nos permite estar con él y encontrar alegría, aunque estamos rodeados por todo lo que va a perecer y desaparecer. Porque con Cristo Jesús nos tomas de la mano en los momentos de ansiedad, necesidad y muerte. Concede que él esté con nosotros mientras continuamos nuestro peregrinaje. Concédenos tu Espíritu, porque somos pobres en espíritu y en alma. Danos tu Espíritu Santo desde lo alto. Solamente en nuestras debilidades llegamos a entender la fuerza y la victoria que nos traes por medio del Señor Jesús, nuestro salvador. El Señor Jesús es nuestro salvador del cuerpo, alma y espíritu, por siempre y para siempre. Amén.

Septiembre

Ciertamente les aseguro que si el grano de trigo no cae en tierra y muere, se queda solo. Pero si muere, produce mucho fruto. El que se apega a su vida la pierde; en cambio, el que aborrece su vida en este mundo, la conserva para la vida eterna. JUAN 12:24–25

Amado Padre que estás en el cielo, anhelamos ser tus hijos y acercarnos más y más hacia la vida eterna con toda su bondad y verdad. En tu amor hacia nosotros tus hijos, bendícenos mientras caminamos en la tierra bajo intenso estrés y tentación. Guárdanos de desviarnos por el mal camino y permite que lo que has sembrado en nuestros corazones crezca hacia la perfección, para gloria y honor tuyo. Que nuestros corazones siempre se alegren al saber que nuestra lucha y sufrimiento no son en vano, que si somos fieles podremos dar el fruto de la justicia. Amén.

Septiembre

Después vi un cielo nuevo y una tierra nueva, porque el primer cielo y la primera tierra habían dejado de existir, lo mismo que el mar....El que estaba sentado en el trono dijo: «¡Yo hago nuevas todas las cosas!» Y añadió: «Escribe, porque estas palabras son verdaderas y dignas de confianza». APOCALIPSIS 21:1, 5

Señor nuestro Dios y Padre, escudriñamos con profundidad tu Palabra poderosa y vemos la gloria del nuevo mundo que crearás conforme a tu justicia y verdad. Te damos gracias por darnos esta alegría, en medio de todo nuestro arduo trabajo y lucha en la tierra. Escudriñamos profundamente tu Palabra. Tú haces nuevas todas las cosas. En esta esperanza se conducen nuestras vidas, a esta esperanza nos has llamado y queremos ser fieles para siempre. ¡Alabado sea tu nombre, porque ya has hecho grandes cosas por nosotros! Guárdanos en tu Palabra y permite que muchos encuentren la luz, porque con esta luz pueden acudir a ti con fe sencilla y ser constantes hasta el final, cuando a lo largo del mundo veremos tu gloria y tu gracia. Amén.

26

Septiembre

Mira que estoy a la puerta y llamo. Si alguno oye mi voz
y abre la puerta, entraré, y cenaré con él, y él conmigo.

APOCALIPSIS 3:20

Señor nuestro Dios, nosotros somos tus hijos, quienes venimos delante de ti y entramos en tu presencia. Permanece con nosotros y sé nuestra luz en todas las situaciones de la vida, en todas las dificultades y aflicciones. Sé nuestra luz como siempre lo has sido. Revela tu poder, para que el mundo te conozca, como nosotros hemos llegado a conocerte. Danos una disposición alegre para perseverar hasta que llegue tu día, porque el resplandor de tu día alumbrará en todas las tinieblas y pondrá fin a toda maldad, para gloria de tu nombre. Amén.

27

Septiembre

Señor, quiero alabarte de todo corazón, y cantarte salmos delante de los dioses. Quiero inclinarme hacia tu santo templo y alabar tu nombre por tu gran amor y fidelidad. Porque has exaltado tu nombre y tu palabra por sobre todas las cosas. SALMO 138:1–2

Amado Padre que estás en el cielo, te damos gracias por tu misericordia y por tu gran bondad y poder, que nos has revelado a través de los siglos y en el tiempo presente. Vivimos por tu revelación, Señor Dios todopoderoso, porque haces maravillas en la tierra y reinas en el cielo, para que el cielo nos bendiga y nos ayude en nuestro peregrinaje terrenal. Concede que tu amorosa bondad y tu justicia puedan manifestarse a lo largo de todo el mundo. Ven, oh Señor nuestro Dios, danos tu luz a quienes creemos en ti y sé la luz de todo el mundo. Gloria a tu nombre, porque de verdad eres nuestro Padre en el cielo y en la tierra, y das seguridad a nuestra vida, en el tiempo y la eternidad. Amén.

28

Septiembre

Den gracias al Señor, porque él es bueno; su gran amor perdura para siempre. Que lo digan los redimidos del Señor, a quienes redimió del poder del adversario, a quienes reunió de todos los países, de oriente y de occidente, del norte y del sur. SALMO 107:1−3

Señor nuestro Dios y Padre, te damos gracias por todas las bendiciones que has traído a nuestras vidas, y por todo lo que aún esperamos recibir de tu bondad. Te agradecemos que por medio de tu Espíritu obrarás cada vez más en nosotros y en todas las personas, para no ser entorpecidos por ninguna consideración humana, sino que podamos ir hacia una meta superior. Guárdanos bajo tu cuidado. Que cada uno de nosotros experimente tu ayuda y tu consuelo en todas nuestras preocupaciones particulares, para que nuestros corazones siempre se regocijen alabando tu nombre. Amén.

Septiembre

La mujer que está por dar a luz siente dolores porque ha llegado su momento, pero en cuanto nace la criatura se olvida de su angustia por la alegría de haber traído al mundo un nuevo ser. Lo mismo les pasa a ustedes: Ahora están tristes, pero cuando vuelva a verlos se alegrarán, y nadie les va a quitar esa alegría. JUAN 16:21–22

Amado Padre que estás en el cielo, concédenos tu Espíritu, para que estemos unidos contigo en Cristo Jesús, el Salvador, aquí en la tierra. Que la verdad amanezca sobre nosotros con su luz, trayendo alegría sin importar lo que nos suceda. Que todo el dolor en nuestras vidas se convierta en dolores de parto de una vida nueva, en la que podamos regocijarnos como pueblo que has creado, un pueblo preparado para luchar en la tierra, llamado a la batalla y dirigido a la victoria. No permitas que seamos cegados por las tinieblas que nos rodean. Derrama una luz pura sobre la nueva vida que está por venir. Que podamos ver que ya ha sucedido, porque Jesucristo vino a la tierra, y permanece en ella, y que podamos ver lo que aún está por venir por medio de él, el Salvador. Oh Dios de maravillas, haz que nos mantengamos conscientes de las maravillas que nos rodean y se aumentan cada vez más, hasta que finalmente sea vencido todo el dolor en el mundo. Amén.

Septiembre

Yo les he dicho estas cosas para que en mí hallen paz. En este mundo afrontarán aflicciones, pero ¡anímense! Yo he vencido al mundo.   JUAN 16:33

Amado Padre que estás en el cielo, en el mundo estamos llenos de miedo; contigo tenemos paz. Oramos que tu Espíritu nos dé la alegría de tu reino celestial y la fortaleza para vivir a tu servicio. Acuérdate de los que sufren dolor, quienes aún tienen que andar por caminos de miedo y angustia. Concédeles ayuda, para la gloria de tu nombre. Que estemos unidos en esperanza y expectación de lo que darás por medio de tu gran bondad y fidelidad. Amén.

Octubre

I

Octubre

Alégrense en la esperanza, muestren paciencia en el sufrimiento, perseveren en la oración.... Alégrense con los que están alegres; lloren con los que lloran.

Señor nuestro Dios, te damos gracias por tu evangelio, por las grandes y buenas nuevas que llevamos en nuestros corazones, para alegrarnos en este tiempo, aunque en todas partes la gente padece angustia y agonía. Te agradecemos porque tu evangelio llena nuestros corazones de compasión, y nos activa para acompañar a muchos en lo que tienen que sufrir. Muéstranos la necesidad que tenemos de ti, para que podamos recibir tu ayuda. Si debemos ser los primeros en sufrir toda clase de dolor y aflicción, que lo hagamos con alegría, porque tenemos la promesa de ser bendecidos en medio de todo dolor. Que continuemos honrando tu nombre, alabándote por la buenas nuevas de tu reino, y la promesa de que todo en su conjunto debe servir para el bien, por medio de nuestro salvador Jesucristo. Amén.

2

Octubre

En ti, Señor, busco refugio; jamás permitas que me avergüencen; en tu justicia, líbrame. Inclina a mí tu oído, y acude pronto a socorrerme. Sé tú mi roca protectora, la fortaleza de mi salvación. SALMO 31:1-2

Señor nuestro Dios, te suplicamos darnos tu Espíritu, que encontremos tus caminos en la tierra y vivamos con esperanza y certidumbre de que todo está en tus manos, aun cuando veamos tanta injusticia y maldad. Que permanezcamos bajo tu protección, viviendo de acuerdo con tus mandamientos y en tu Espíritu, porque tu Espíritu da testimonio de la verdad y anhela cambiar y elevar nuestras vidas. Tu Espíritu anhela alcanzar a todas las personas que han sentido tu toque, anhela que ellos vengan a ti y tengan vida. Amén.

3

Octubre

Todo esto proviene de Dios, quien por medio de Cristo nos reconcilió consigo mismo y nos dio el ministerio de la reconciliación: esto es, que en Cristo, Dios estaba reconciliando al mundo consigo mismo, no tomándole en cuenta sus pecados y encargándonos a nosotros el mensaje de la reconciliación. 2 Corintios 5:18–19

Señor nuestro Dios, nuestro Padre que estás en el cielo, venimos a ti como tus hijos. Oramos para que nos bendigas, bendícenos especialmente en los días cuando el miedo intenta apoderarse de nosotros. Permite que tu ayuda descienda sobre nosotros como lo has prometido, la gran ayuda en Cristo Jesús, quien vendrá a redimir al mundo entero. Bendícenos por medio de tu Palabra. Renuévanos una y otra vez para mantenernos firmes y fieles a ti, porque tú eres nuestra ayuda para la redención y reconciliación por medio de Jesucristo. Amén.

4

Octubre

Luego, mirando al cielo, suspiró profundamente y le dijo: «¡Efatá!» (que significa: ¡Ábrete!). Con esto, se le abrieron los oídos al hombre, se le destrabó la lengua y comenzó a hablar normalmente. MARCOS 7:34–35

Padre que estás en el cielo, las personas en la tierra somos pobres y necesitados. Estamos sordos y mudos, pero tú nos animas cada día y nos dices: «¡Efatá!». Por ello te damos gracias con alegría por todo lo que haces para nuestro bien. Ayúdanos a estar unidos en la expectación del gran día, cuando vendrá nuestro Señor Jesucristo, cuando delante de toda la humanidad se demostrará que es tu hijo, el salvador, en quien tú, el Todopoderoso, vino a encontrarse con nosotros. Por medio de él dices otra vez: «¡Que haya luz! ¡Que haya vida! Que la vida sea liberada de las tinieblas de la muerte, para que Jesús venga como el salvador de todos, el salvador incluso de quienes aún están en la más profunda oscuridad». Oh Padre celestial, alabado sea tu nombre. Amén.

5

Octubre

No es gran cosa que seas mi siervo, ni que restaures a las tribus de Jacob, ni que hagas volver a los de Israel, a quienes he preservado. Yo te pongo ahora como luz para las naciones, a fin de que lleves mi salvación hasta los confines de la tierra. ISAÍAS 49:6

Poderoso Dios, te damos gracias por mandar tu luz al mundo entero, para revelar que tú eres Padre de todos, para mostrarnos que los guías hacia ti, a buenos y malos, los que están cerca de ti y los que están lejos. Te agradecemos que a través de todo esto tu nombre pueda ser reconocido y honrado. Te damos gracias que podemos vivir de tu mano, y que cada uno puede ver tu obra en la tierra y ser lleno de alabanzas. Que la luz que has enviado al mundo con Jesucristo alumbre radiantemente en nosotros, que penetre en nuestros corazones para abrirnos a ella con alegría y adorar al Salvador. Bendícenos y danos tu Espíritu, porque sin tu Espíritu, nada podemos hacer. Que todos los días recibamos tu ayuda. Amén.

6

Octubre

Padre justo, aunque el mundo no te conoce, yo sí te conozco, y éstos reconocen que tú me enviaste. Yo les he dado a conocer quién eres, y seguiré haciéndolo, para que el amor con que me has amado esté en ellos, y yo mismo esté en ellos.   JUAN 17:25–26

Señor nuestro Dios y Padre, oramos que nos des tu Espíritu, porque nos diriges en todo momento y nos has amado con un amor que nos guía, nos conduce y nos ayuda a seguir adelante en cuerpo y alma. Revela tu poder. Concede que nosotros no emprendamos nada con la fuerza humana; sino que todo venga de ti para cada uno cuyo corazón se mantenga fiel a ti y realice su trabajo destinado para él. Entonces todo lo que hagamos en la tierra será un servicio para ti. Protégenos con tu gran bondad y fidelidad, que nos han acompañado hasta hoy, y que estarán con nosotros en el futuro. Amén.

7

Octubre

Yo soy el buen pastor; conozco a mis ovejas, y ellas me conocen a mí, así como el Padre me conoce a mí y yo lo conozco a él, y doy mi vida por las ovejas.

JUAN 10:14–15

Amado Padre que estás en el cielo, te damos gracias porque tu voz alcanza nuestros corazones y podemos decir con alegría: «Te pertenecemos, nosotros también somos tuyos». Queremos llevar una vida que demuestre que pertenecemos a ti, nunca dejarnos desviar, nunca más darle entrada a lo insignificante, siempre recibiendo fuerza del poder de Jesucristo. Protege nuestro hogar, cuida de cada uno de nosotros, protégenos a todos en nuestros caminos. Oh Dios poderoso, sé con nosotros en los muchos peligros que nos rodean, y concede que siempre nos regocijemos porque nuestros nombres están escritos en el cielo. Amén.

8

Octubre

Así que ustedes, queridos hermanos, puesto que ya saben esto de antemano, manténganse alerta, no sea que, arrastrados por el error de esos libertinos, pierdan la estabilidad y caigan. Más bien, crezcan en la gracia y en el conocimiento de nuestro Señor y salvador Jesucristo. ¡A él sea la gloria ahora y para siempre! Amén.

2 PEDRO 3:17–18

Señor nuestro Dios, te damos gracias por darnos una sólida fortaleza en Jesús, el único Señor, con quien podemos resistir toda violencia, odio, anarquía y crueldad que hay en el mundo; y no importa lo que venga, queremos mantener en alto el estandarte de Jesucristo. En él queremos esperar el tiempo, cuando tus obras poderosas establecerán plenamente tu reino, para todas las naciones de la tierra. Tú eres nuestro Dios y nuestro Padre. Protégenos, y da luz a nuestros corazones, para que siempre podamos estar alegres y podamos esperar en ti eternamente. Amén.

9

Octubre

Grandes y maravillosas son tus obras, Señor, Dios todopoderoso. Justos y verdaderos son tus caminos, rey de las naciones. ¿Quién no te temerá, oh Señor? ¿Quién no glorificará tu nombre? Solo tú eres santo. Todas las naciones vendrán y te adorarán, porque han salido a la luz las obras de tu justicia. APOCALIPSIS 15:3–4

Oh Señor Dios, te damos gracias que en nuestros tiempos podemos ver y sentir que estás obrando. Esto es un gozo y consuelo para nosotros y nos anima; aunque el sufrimiento en la tierra a veces nos hace llorar, pero tenemos de nuevo alegría porque tú estás obrando. Estás llevando a cabo tu voluntad, que incluye la salvación y tu plan para nuestra vida. Concede que en nuestros tiempos se produzcan frutos, porque nuestros tiempos están en tus manos. Permite que muchas personas de todas las naciones vengan a ti. Que se vuelvan a ti en su necesidad y conozcan la felicidad de recibir tu ayuda. Que tu nombre sea honrado, que venga tu reino, y se haga tu voluntad en la tierra como en el cielo. Amén.

10

Octubre

Pues todos han pecado y están privados de la gloria de Dios, pero por su gracia son justificados gratuitamente mediante la redención que Cristo Jesús efectuó. Dios lo ofreció como un sacrificio de expiación que se recibe por la fe en su sangre, para así demostrar su justicia.

ROMANOS 3:23–25A

Señor nuestro Dios, alabamos tu nombre porque has establecido un trono de misericordia sobre la tierra, porque perdonas nuestros pecados por medio de la sangre de Jesucristo. Que tu misericordia se vea obrando en muchos corazones. Derrama tu luz sobre todas las personas y permite que se conozca tu gloria. Permite que tu gloria ilumine todos los corazones, para alabanza de tu nombre y liberación de quienes aún padecen sufrimiento. Guárdanos en tu Palabra, la cual hace milagros. Protege en nosotros todo lo que Jesucristo ha traído a la tierra, y que usemos sus dones con sencillez de corazón. Haz que se logre mucho para la gloria de tu nombre y que podamos acercarnos más al día de Jesucristo, el cual aguardamos con anhelo y esperanza. Amén.

II

Octubre

Confía en el Señor y haz el bien; establécete en la tierra y manténte fiel. Deléitate en el Señor, y él te concederá los deseos de tu corazón. SALMO 37:3−4

Amado Padre que estás en el cielo, amamos y honramos tus caminos, aun cuando sean caminos amargos. Anhelamos valor y fortaleza. Señor, ayúdanos a creer; concede fe a los millones que están cercados por la muerte, una fe que vence todo por medio de la máxima abnegación. Permite que tu luz alumbre para traer vida a las naciones, en medio de todo lo que está sucediendo. Tu luz nos guiará y conducirá, y la paz llegará, una paz muy profunda que jamás hemos conocido. Acuérdate de cada uno de nosotros con todas nuestras preocupaciones, y concede que las luchas de la vida nos conduzcan a la paz. Si nos toca pasar por caminos duros y amargos, ayúdanos a permanecer firmes y nunca quejarnos de nuestras cargas, incluso en los días más difíciles, pues por medio de aflicciones y dificultades el camino nos lleva a ti. Amén.

Octubre

Perdónanos nuestras deudas, como también nosotros hemos perdonado a nuestros deudores. MATEO 6:12

Señor nuestro Dios, te damos gracias por la luz maravillosa que envías a todo el mundo, para que sepamos que tú perdonas, y que no hay pecado demasiado grande que no puedas perdonar. Concede que las personas puedan clamar: «¡Oh Dios, ten misericordia de mí!». Dales el espíritu de oración en sus corazones para que invoquen: «Padre, perdona nuestros pecados». Envía tu Espíritu Santo, el Espíritu de verdad y humildad, y perdona sus pecados. Dondequiera que un alma esté suspirando, dondequiera que alguien te esté llamando, escúchalos. Que nuestras oraciones lleguen delante de tu trono; escucha y respóndenos. Tenemos tanto en nuestros corazones que no podemos expresarlo todo de manera apropiada. Oramos también por los demás; Padre, perdónalos. Elimina todo obstáculo para que tu juicio pueda tener misericordia hacia quienes tú perdonas. Permanece con nosotros. Que seamos una iglesia comunidad de Cristo Jesús, lavada con su sangre, con la fortaleza para afrontar todo arrebato amargo de la furia del mundo y todavía perdonar. Que nuestra oración siga siendo: «Perdónanos nuestros pecados, como también nosotros perdonamos a los que nos ofenden». Amén.

13

Octubre

Ustedes ya son hijos. Dios ha enviado a nuestros corazones el Espíritu de su Hijo, que clama: «¡Abba! ¡Padre!» Así que ya no eres esclavo sino hijo; y como eres hijo, Dios te ha hecho también heredero. GÁLATAS 4:6–7

Amado Padre que estás en el cielo, venimos ante ti como tus hijos, deseando tener la seguridad por medio de tu Espíritu, que somos y seguiremos siendo tus hijos. Anhelamos vivir para la gloria de tu nombre, bajo el amparo y la guía del Señor Jesús, con expectación del gran día cuando se cumplirán todas las promesas hechas a nosotros. Fortalécenos, especialmente en los días oscuros y conflictivos. Ayúdanos cuando amenaza el peligro y cuando la maldad intenta avanzar entre nosotros. Líbranos de todo mal, porque tuyo es el reino, el poder y la gloria por los siglos de los siglos. Amén.

14

Octubre

Voy a escuchar lo que Dios el Señor dice: él promete paz a su pueblo y a sus fieles, siempre y cuando no se vuelvan a la necedad. Muy cercano está para salvar a los que le temen, para establecer su gloria en nuestra tierra.

SALMO 85:8-9

Señor nuestro Dios, tú eres ayuda, consuelo y vida para nosotros, en todo lo que tenemos que soportar. Nos reunimos ante ti como personas pobres y débiles, pero tú puedes hacernos ricos y darnos vida nueva, para que nuestras vidas demuestren que cumplimos tu voluntad y justicia que traes a la tierra. Que seamos uno en espíritu a través de todo lo que experimentamos en nuestros corazones, para la gloria de tu nombre. Que el agradecimiento y alabanza de muchas personas resuenen en todo el mundo, porque tú eres ayuda y liberación de todo mal. Amén.

15
Octubre

Al oír esto, Jesús les contestó: «No son los sanos los que necesitan médico sino los enfermos. Pero vayan y aprendan lo que significa: "Lo que pido de ustedes es misericordia y no sacrificios". Porque no he venido a llamar a justos sino a pecadores». MATEO 9:12-13

Amado Padre que estás en el cielo, venimos ante tu presencia como hijos pecadores, imperfectos, que hacen muchas tonterías y que están involucrados en mucho de lo que es maligno y corrupto. Venimos a ti, Padre, sabiendo que tu amor paternal está con nosotros por toda la eternidad. Ten misericordia de nosotros y líbranos de todo daño y perjuicio que estamos obligados a sufrir en esta vida terrenal. Que la gracia que tu reino trae a la tierra borre finalmente los pecados de todas las naciones, para que se alegren como tus hijos porque los has ayudado. Que tu nombre sea alabado entre todas las naciones. Amén.

16

Octubre

Siempre doy gracias a Dios por ustedes, pues él, en Cristo Jesús, les ha dado su gracia. Unidos a Cristo ustedes se han llenado de toda riqueza, tanto en palabra como en conocimiento. 1 CORINTIOS 1:4–5

Señor nuestro Dios, te damos gracias por estar tan cerca de nosotros, que podemos sentir y saber que somos tus hijos, que estamos en tus manos como hijos tuyos, con todo lo que pertenece a nuestra vida terrenal: todas nuestras necesidades y tentaciones, todos nuestros esfuerzos y sufrimientos. Nos reunimos para darte gracias y nuestro agradecimiento consigue una victoria sobre todo lo que hace difícil nuestras vidas. En esta acción de gracias, la crueldad, criminalidad e injusticia en el mundo no pueden hacernos daño. Protégenos con tu luz, que nos da sabiduría para todas las situaciones, elevándonos por encima de todo lo indigno, efímero y sin sentido. Amén.

17

Octubre

La noche está muy avanzada y ya se acerca el día. Por eso, dejemos a un lado las obras de la oscuridad y pongámonos la armadura de la luz. ROMANOS 13:12

Padre que estás en el cielo, te damos gracias por darnos luz. Te agradecemos por la grandiosa esperanza del día, cuya luz no sea obra nuestra, cuyo origen esté en ti, un día por venir que ya desde hoy puede tocar nuestras vidas. Conserva firmes nuestros corazones, libres de toda debilidad humana. Que siempre mantengamos el amor que nos has dado por medio de tu gracia, y que tengamos alegría en tu amor, que está lleno de luz y comprensión. Amén.

Octubre

«"Ama al Señor tu Dios con todo tu corazón, con todo tu ser y con toda tu mente"», le respondió Jesús. «Este es el primero y el más importante de los mandamientos. El segundo se parece a este: "Ama a tu prójimo como a ti mismo". De estos dos mandamientos dependen toda la ley y los profetas». MATEO 22:37–39

Señor nuestro Dios, ayúdanos a vivir con amor por ti, por medio de tu Espíritu. Ábrenos los ojos para ver tu bondad y verdad alrededor de tus hijos, aun en este mundo atribulado. Padre todopoderoso, a ti elevamos nuestra mirada. Protégenos en estos tiempos difíciles. Te suplicamos por nuestro país, lo encomendamos a tu cuidado, para que se despierte el amor a ti. ¿A quién acudiremos si no es a ti? ¿Dónde encontraremos ayuda fuera de Jesucristo, a quien nos enviaste para obtener la victoria, para someter y poner fin a todo mal en el cielo, en la tierra y debajo de la tierra, y convertirse en el Señor, para la gloria de tu nombre? Amén.

19

Octubre

Y la paz de Dios, que sobrepasa todo entendimiento,
cuidará sus corazones y sus pensamientos en Cristo Jesús.

FILIPENSES 4:7

Oh Señor Dios, concédenos tu Espíritu, para que podamos comprender tu paz. Al orar, ayúdanos a reconocer lo que debe venir únicamente de ti, porque tú eres santo y poderoso, y tu voluntad es paz en la tierra. Una paz que sobrepasa todo entendimiento, paz en el cielo, en la tierra y debajo de la tierra, paz que se opone a todo pecado y muerte, y elimina toda maldad que puede nombrarse. Oh Señor nuestro Dios, esperamos en ti, tú nos escucharás. No importa cuánto dure la batalla, resistiremos firmes y con paciencia, porque somos tus hijos. Nunca perderemos la fe de que tu nombre será honrado y que todas las cosas estarán en armonía con tu voluntad de paz sobre la tierra, tu paz. Amén.

20

Octubre

Tema toda la tierra al Señor; hónrenlo todos los pueblos del mundo; porque él habló, y todo fue creado; dio una orden, y todo quedó firme. El Señor frustra los planes de las naciones; desbarata los designios de los pueblos.

SALMO 33:8-10

Señor nuestro Dios, nos reunimos en tu presencia y te pedimos que tu luz alumbre en nuestros corazones, para fortalecernos en tiempos de necesidad y dificultad. Que lleguemos a conocer que, a través de toda tormenta y angustia en el mundo, tú eres poderoso para proteger y dar refugio a quienes confían en ti. Que comprendamos el poder de tu reino; aunque todos los reinos del mundo se levanten en rebelión, tú estás con nosotros. Tú estás con los que ponen su esperanza en tu reino, y los que siguen esperando que, aun en los días malos, algo debe suceder por medio de tu reinado santo y supremo. Amén.

Octubre

Se acercó otro ángel y se puso de pie frente al altar. Tenía un incensario de oro, y se le entregó mucho incienso para ofrecerlo, junto con las oraciones de todo el pueblo de Dios, sobre el altar de oro que está delante del trono. Y junto con esas oraciones, subió el humo del incienso desde la mano del ángel hasta la presencia de Dios.

APOCALIPSIS 8:3–4

Señor Dios, venimos ante ti y te pedimos que vuelvas nuestras mentes y corazones solo a ti, que tienes poder sobre el mundo entero y puedes hacer todo en nuestros corazones conforme a tu voluntad. Permite que haya luz en nuestro tiempo. Escucha y responde muchas oraciones que ya han venido a ti, durante siglos ante tu presencia, oraciones por tu reino y por tu voluntad en la tierra. Este mundo se ha convertido en presa del maligno. Nosotros somos pobres y necesitados, y solo tú puedes ayudarnos. Oh Señor nuestro Dios y Padre, ayúdanos. Permite que después de este sufrimiento llegue tu día, tu grandioso día sobre todo el mundo y todas las naciones. Amén.

22

Octubre

Y ahora, Israel, ¿qué te pide el Señor tu Dios?
Simplemente que le temas y andes en todos sus caminos,
que lo ames y le sirvas con todo tu corazón y con toda tu
alma. DEUTERONOMIO 10:12

Señor nuestro Dios, nuestro Padre que estás en el cielo,
quédate con nosotros cuando estamos aquí reunidos. Por
medio de tu Espíritu, permite que nuestros corazones
crezcan en el entendimiento de cómo podemos servirte
rectamente, y vivir como tú quieres que vivamos.
Ayúdanos a aferrarnos a todo lo bueno. Libéranos cada
vez más de todo lo que nos entorpece, de todo lo malo.
Muéstranos tu amorosa bondad, a nosotros y a nuestros
seres queridos, dondequiera que se encuentren. Escucha
cada corazón humano que suspira por ti, suplicando
que lo celestial supere lo terrenal. Amén.

Octubre

Alabado sea el Dios y Padre de nuestro Señor Jesucristo, Padre misericordioso y Dios de toda consolación, quien nos consuela en todas nuestras tribulaciones para que con el mismo consuelo que de Dios hemos recibido, también nosotros podamos consolar a todos los que sufren. Pues así como participamos abundantemente en los sufrimientos de Cristo, así también por medio de él tenemos abundante consuelo. 2 CORINTIOS 1:3–5

Señor nuestro Dios, Padre compasivo y Dios de toda consolación, quien nos alienta y fortalece en toda aflicción, te damos gracias por convertir nuestro sufrimiento en senda de vida, para que seamos agradecidos y confiados en todo. Tú puedes cambiar lo que para nosotros es lo más difícil, en lo que es mejor para nosotros. Alabado sea tu nombre por abrirnos camino en medio del pecado y la muerte. Alabado sea tu nombre, porque nos has mostrado un camino en medio de toda maldad, un camino que es bendito. Amén.

Octubre

Ya que el Padre mismo los ama porque me han amado y han creído que yo he venido de parte de Dios.

JUAN 16:27

Amado Padre que estás en el cielo, te damos gracias que podemos encontrar refugio en tu amor, a pesar de nuestras vidas pobres, imperfectas, pecadoras y cargadas de muerte. Te agradecemos porque somos tus hijos. Te damos gracias que con todo lo que somos, sea que estemos deprimidos con nosotros mismos y sintamos lo inadecuado de nuestra propia naturaleza, todavía somos tus hijos. Oramos para que nos des tu Espíritu. Danos tu Santo Espíritu, penetrando toda nuestra naturaleza, nuestra carne y sangre, para mantenernos firmes en fe ante toda tentación y angustia. Danos tu Espíritu para llenarnos de esperanza mientras aguardamos hacia el futuro, para llenarnos de certeza en nuestro Señor Jesucristo, que fue, es, y ha de venir, cuya victoria está ante nuestros ojos para nunca flaquear ni tener miedo. Danos tu Espíritu, para vivir en esta certeza y prepararnos cada vez más para tu llegada al mundo. Que lleguemos a entender que tu amorosa bondad está obrando hoy, que al final tu liberación llegará muy pronto, para la gloria de tu nombre. Amén.

25

Octubre

Una vez más Jesús se dirigió a la gente, y les dijo: «Yo soy la luz del mundo. El que me sigue no andará en tinieblas, sino que tendrá la luz de la vida». JUAN 8:12

Señor nuestro Dios, concede que nuestro espíritu pueda reconocer tu Espíritu y tu amor, para que nuestras vidas no sean devoradas por preocupaciones pasajeras, sino ser elevadas a algo más alto. Ayúdanos a aferrarnos a todas las bendiciones que nos permites experimentar, bendiciones que con certeza nos seguirás dando, aun cuando nuevas batallas y nuevos problemas nos circunden. Envía una luz intensa para alumbrar a muchas personas, cuya tarea es guiar el camino para que llegue tu reino. Envía luz para que tu nombre sea honrado mediante nuestras obras humanas y tú seas conocido como la vida para todos. Amén.

26

Octubre

Ya no voy a estar por más tiempo en el mundo, pero ellos están todavía en el mundo, y yo vuelvo a ti. Padre santo, protégelos con el poder de tu nombre, el nombre que me diste, para que sean uno, lo mismo que nosotros.

JUAN 17:11

Señor Jesucristo, salvador nuestro, permanece a nuestro lado y protégenos en todos nuestros días sobre la tierra. Concédenos un entendimiento del honor que pertenece a Dios. Ayúdanos a ver que tú eres enviado, para que un día el cielo y la tierra se postren ante la voluntad todopoderosa de Dios. Apóyanos, para que podamos escuchar, entender y aceptar tu Palabra; apóyanos en todas nuestras vidas. Sé con nosotros en el sufrimiento y en nuestra hora final, cuando venga la muerte. Que tu gracia sea con nosotros. Ayúdanos en todo tiempo a estar arraigados con firmeza en la voluntad de nuestro Dios y Padre celestial. Amén.

Nos vemos atribulados en todo, pero no abatidos; perplejos, pero no desesperados; perseguidos, pero no abandonados; derribados, pero no destruidos. Dondequiera que vamos, siempre llevamos en nuestro cuerpo la muerte de Jesús, para que también su vida se manifieste en nuestro cuerpo. 2 CORINTIOS 4:8–10

Señor Dios, te agradecemos por tu voz, aun cuando sea severa y debamos pasar dificultades y sufrimientos. Tu voz nos habla y en ella podemos encontrar alegría y victoria para nuestras vidas en la tierra. Ven a nuestras vidas, que cada uno de nosotros reconozca que todo lo que hemos vivido ha sido para bien. Sé el Dios y Señor de todas las naciones, sé un refugio para todos los pueblos. Haz que el pecado y la angustia de este tiempo aterrador pasen muy pronto, para que escuchemos tus palabras: «Ánimo, vendré pronto. Todas las desgracias pasarán. Mi voluntad se está cumpliendo. Mi nombre debe ser honrado. Mi reino y soberanía ya vienen. Así que anímate y en todo momento espera en tu Dios y Padre celestial». Amén.

28

Octubre

¡Ofrece a Dios tu gratitud, cumple tus promesas al Altísimo! Invócame en el día de la angustia; yo te libraré y tú me honrarás.

SALMO 50:14–15

Amado Padre que estás en el cielo, juntos queremos alabarte y darte gracias con todos nuestros corazones, por tu bondad y liberación de nuestras muchas necesidades. Acepta nuestro agradecimiento y ayúdanos a andar nuestros caminos con el corazón siempre alegre. Que estemos dispuestos y listos para lo que hayas preparado para nosotros tus hijos. Bendice nuestras vidas individualmente y bendícenos en nuestra comunidad. Permite que tu Espíritu irradie sus rayos en todo lugar, para dar consuelo al corazón de la gente, y para restaurar y fortalecer su fe. Que tu nombre sea alabado eternamente. Amén.

Dichosos los que saben aclamarte, Señor, y caminan a la luz de tu presencia; los que todo el día se alegran en tu nombre y se regocijan en tu justicia. SALMO 89:15–16

Amado Padre que estás en el cielo, ¡con cuánto cariño y ternura has pensado en nosotros! ¡Cuánto bien nos permites experimentar una y otra vez! Tanto que nuestros corazones están felices, y esta noche iremos a descansar llenos de alegría y agradecimiento porque somos tus hijos. Nuestra alegría y agradecimiento serán nuestro servicio a ti día y noche. Más que esto no nos pides, y en esto seremos fieles. Queremos ser alegres y estar contentos por nuestras vidas. Aun cuando afrontemos horas sombrías, oh Señor nuestro Dios, estamos llenos de esperanza que nos trae alegría, tanto por el futuro como por el presente, con seguridad de que ya viene tu salvación. Nos regocijamos en lo que ya nos has dado incluso hoy. Amén.

Octubre

¡Alaben al Señor, naciones todas! ¡Pueblos todos, cántenle alabanzas! ¡Grande es su amor por nosotros! ¡La fidelidad del Señor es eterna! ¡Aleluya! ¡Alabado sea el Señor!

SALMO 117

Señor nuestro Dios, te damos gracias que podemos venir a ti y que nuestros espíritus pueden alcanzar tu ayuda y tu consuelo. Padre nuestro, que de la comunión contigo recibamos fortaleza. Que comprendamos con mayor profundidad que somos tus hijos, realmente tus hijos, quienes a lo largo de nuestro peregrinaje nos has permitido conocerte como nuestra ayuda y nuestro refugio. Acuérdate de nuestro mundo, y concede que muchos corazones despierten para que se vuelvan a ti, buscándote en toda necesidad y temor, que arrastra a tantas personas de nuestro tiempo. Permite que tu Espíritu se revele apaciblemente en nuestros corazones, trayendo muchas experiencias tuyas y de tu reino, oh Señor nuestro Dios. Protégenos cada día en muchos países a lo largo del mundo. Porque las naciones son tuyas; recibirán vida y bendición de ti, y al final tu reino será revelado en todo el mundo, para la gloria eterna de tu nombre. Amén.

31

Octubre

Que proclamen los que temen al Señor: «Su gran amor perdura para siempre». Desde mi angustia clamé al Señor, y él respondió dándome libertad. El Señor está conmigo, y no tengo miedo; ¿qué me puede hacer un simple mortal? salmo 118:4-6

Señor nuestro Dios, amado Padre que estás en el cielo, te damos gracias. ¡Con cuánta frecuencia nos liberas de todo miedo y angustia! ¡Cuán a menudo nos escuchas y respondes! Concede que nuestros corazones siempre estén entusiastas y felices porque tú nos respondes. No hay nada más en este mundo para nosotros; tú eres nuestra esperanza, nuestra única esperanza. Solo tú puedes ayudar en nuestros tiempos, ayudar a las naciones y ayudar a cada persona. Nada más nos importa. Señor nuestro Dios, por el resto de nuestra vida sobre la tierra, solo tú eres nuestra ayuda, nuestro consuelo y nuestra fortaleza. Amén.

Noviembre

I

Noviembre

Que habite en ustedes la palabra de Cristo con toda su riqueza: instrúyanse y aconséjense unos a otros con toda sabiduría; canten salmos, himnos y canciones espirituales a Dios, con gratitud de corazón. COLOSENSES 3:16

Amado Padre que estás en el cielo, te buscamos a ti y a tu reino. Nos reunimos para escuchar tu Palabra, para que podamos recibir fortaleza en nuestras vidas y en todas nuestras relaciones con los demás. Queremos mantenernos firmes, creyendo que en todo, sea grande o pequeño, se está realizando tu voluntad, y que todavía podemos experimentar una nueva venida de tu gloria en la tierra. Entonces las preocupaciones terrenales ya no nos atormentarán ni nos dejarán agotados, sino que todo será nuevo y las cosas celestiales nos rodearán, conforme a tu voluntad buena, misericordiosa y perfecta. Amén.

2

Noviembre

Ya que han resucitado con Cristo, busquen las cosas de arriba, donde está Cristo sentado a la derecha de Dios. Concentren su atención en las cosas de arriba, no en las de la tierra. COLOSENSES 3:1–2

Señor nuestro Dios, te damos gracias por enviar tanto a nuestras vidas, que cambia nuestros pensamientos hacia las cosas de arriba, y nos permite acudir siempre a ti. Por medio de Cristo Jesús envíanos lo que es celestial. Envía lo celestial a cada persona y en la vida de las naciones, para que surja algo bueno y que el diablo no se lleve la gloria, sino tu Espíritu, únicamente tu Espíritu celestial. En su terquedad, las personas tienen la intención de hacer mal, pero tú puedes cambiar todo para bien. Tú puedes cambiarlo todo; esta es nuestra fe. Esperamos en ti, y queremos poner nuestras vidas en tus manos. Bendícenos con riqueza y poder celestial. Amén.

3

Noviembre

Este es el mensaje que hemos oído de él y que les anunciamos: Dios es luz y en él no hay ninguna oscuridad.

1 JUAN 1:5

Señor nuestro Dios, reina sobre nosotros con fortaleza y concédenos tu luz. Permite que tu Espíritu esté con nosotros, para confirmar lo que ya ha sucedido en nuestros corazones, para que tengamos alegría y confianza, aun bajo toda presión y estrés en esta vida. Alumbra en las tinieblas del mundo, alumbra en todos sus habitantes. Que se nos muestre, cada vez con mayor claridad, para qué hemos sido creados. Fortalece nuestra fe por el futuro, fe en todo lo bueno, aunque esté escondido el bien, pues al final saldrá a la luz. Que nosotros y el mundo entero te ofrezca alabanza y honor. Amén.

4

Noviembre

Por el contrario, ustedes se han acercado al monte Sión, a la Jerusalén celestial, la ciudad del Dios viviente. Se han acercado a millares y millares de ángeles, a una asamblea gozosa, a la iglesia de los primogénitos inscritos en el cielo. Se han acercado a Dios, el juez de todos; a los espíritus de los justos que han llegado a la perfección; a Jesús, el mediador de un nuevo pacto.

HEBREOS 12:22-24A

Señor nuestro Dios, te damos gracias por habernos redimido y poder sentirnos unidos con tus santos, los que en el cielo y en la tierra están reunidos en torno a Cristo Jesús, un pueblo que aumenta en número y fuerza año tras año. Te agradecemos que también nosotros pertenecemos a tu pueblo, y te pedimos que mantengas nuestros corazones conscientes de esta unidad, para que seamos personas felices, redimidas, que encuentran una liberación cada vez mayor, llenas de alabanza y agradecimiento, llenas de certeza y alegría. Concédenos esto, porque somos tu pueblo, nacido de tu poder salvador y reunido por causa de tu reino. Protege tus dones y poderes en nosotros. Continúa tu redención en el mundo entero, hasta inundar de alegría todo nuestro ser. Amén.

5

Noviembre

El Señor vela por aquellos que lo aman, como fuerte escudo y poderoso apoyo, refugio contra el viento ardiente, sombra para el calor del mediodía, protección contra los tropiezos y ayuda contra las caídas.

ECLESIÁSTICO 34:16 DHH

Señor Dios todopoderoso, cuyos ojos velan sobre el mundo entero, venimos ante ti todavía contaminados por el mal que nos rodea. Concede que nuestras vidas estén en tus manos. Danos tu fortaleza para encontrar el camino, incluso en medio del sufrimiento y la angustia. Porque somos tuyos, oh Señor nuestro Dios, y tú has elegido a tu pueblo para que sea fuerte y esté libre de todo mal. Te suplicamos que nos ayudes. Que podamos saber que estás con nosotros y que tu Palabra nos imparte bendición, para la gloria eterna de tu nombre. Amén.

6

Noviembre

Sobre este monte rasgará el velo que cubre a todos los pueblos, el manto que envuelve a todas las naciones. Devorará a la muerte para siempre; el Señor omnipotente enjugará las lágrimas de todo rostro, y quitará de toda la tierra el oprobio de su pueblo. El Señor mismo lo ha dicho. ISAÍAS 25:7-8

Señor nuestro Dios, ya viene tu reino. Tu ayuda nos alcanza; aunque tengamos que sufrir mucho, acudimos a ti, porque nos has dado tu promesa. Nos has prometido que con nosotros todo saldrá bien. Has prometido que mientras tu pueblo esté en la tierra tendrá la fortaleza para confiar en ti y esperar tu venida con paciencia y alegría. Oh Señor nuestro Dios, pon tus manos sobre nosotros y permite que tu fuerza redentora se revele en nosotros. Tú conoces todas nuestras necesidades; tú ves dentro de cada corazón y sabes cómo ayudar, como lo has prometido. Bendícenos y ayúdanos, y que tu nombre sea honrado entre nosotros. Que venga tu reino y se haga tu voluntad en la tierra como en el cielo. Amén.

7
Noviembre

Fíjense en lo que sucedió en otros tiempos: nadie que confiara en el Señor se vio decepcionado; nadie que lo honrara fielmente se vio abandonado; a todos los que lo invocaron, él los escuchó. Porque el Señor es tierno y compasivo, perdona los pecados y salva en tiempo de aflicción. ECLESIÁSTICO 2:10–11 DHH

Amado Padre que estás en el cielo, Dios poderoso en el cielo y la tierra, reanímanos con tu Palabra que has enviado y con todo lo que en tu misericordia y amor incondicional has hecho por nosotros. Haz que nos mantengamos entusiastas y felices, aun en los tiempos de aflicción. Concédenos una confianza inquebrantable en ti, para darnos un terreno firme bajo nuestros pies, para que siempre podamos agradecerte y glorificarte. Porque tú, oh Señor, eres nuestro Dios. Eres nuestro Padre, que nunca abandonará a sus hijos en toda la eternidad. Amén.

8

Noviembre

Ciertamente les aseguro que el que oye mi palabra y cree al que me envió, tiene vida eterna y no será juzgado, sino que ha pasado de la muerte a la vida.   JUAN 5:24

Señor nuestro Dios, te agradecemos por darnos a Cristo Jesús, cuyas palabras continúan vivas hasta este mismo día. Tú harás que sus palabras continúen vivas, para que en el nombre de Cristo Jesús se canten alabanzas alegres a ti, Dios todopoderoso y Padre celestial. Acuérdate de todos nosotros, recuerda las necesidades particulares de cada uno. Ven al mundo por medio de las palabras de Cristo Jesús; que sus palabras lleguen como ángeles poderosos al corazón de muchos, para consolar y restaurar, para ayudar y hacer milagros en los necesitados. ¡Que tu nombre sea alabado por medio de la Palabra, grande y poderosa, Cristo Jesús! Amén.

9

Noviembre

Pero, según su promesa, esperamos un cielo nuevo y una tierra nueva, en los que habite la justicia. 2 PEDRO 3:13

Señor nuestro Dios, Padre amado, que reunidos estemos en tu luz. Por medio de tu Espíritu, fortalece nuestros corazones para aferrarnos a ti, porque permaneces como nuestra ayuda, nuestro consejo y nuestro consuelo durante toda nuestra vida y por toda la eternidad. Envíanos a Cristo Jesús, el salvador del mundo, y concede que una y otra vez podamos encontrar novedad de vida por medio de él. Concede que nos concentremos en él, quien ha resucitado de entre los muertos y ha de venir otra vez para completar la obra que comenzó en su vida en la tierra. Oh Señor Dios, recordamos tu promesa y permanecemos contigo. Tenemos poca fuerza, y así como estamos no puedes lograr nada a través de nosotros. Solo tú puedes cumplir tu promesa por medio de Cristo Jesús, a quien enviarás para terminar tu obra con su llegada final. Amén.

10

Noviembre

«Yo soy el Alfa y la Omega» dice el Señor Dios, «el que es y que era y que ha de venir, el Todopoderoso».

APOCALIPSIS 1:8

Señor nuestro Dios, Alfa y Omega, principio y fin, quien era, es y ha de venir, el Todopoderoso, te damos gracias por este maravilloso mensaje, que está destinado también para nosotros, aunque nuestras vidas a menudo parezcan tristes y vacías. Pero, he aquí que tú haces todas las cosas nuevas para cada uno de nosotros. Aun cuando mucho nos hemos atormentado a nosotros mismos, al final amanecerá la luz de vida y podremos regocijarnos. Continúa con tu protección hacia nosotros y hacia nuestra comunidad. Despiértanos a la nueva vida, porque nos has llamado para creer y perseverar hasta el final. Cualquier pena y adversidad que venga, permaneceremos fieles, oh Señor nuestro Dios. Esta es nuestra promesa para ti: vamos a perseverar y decir con júbilo: «Cristo Jesús viene para hacer nuevas todas las cosas». Amén.

II

Noviembre

Yo soy el Señor tu Dios. Yo te saqué de Egipto, del país donde eras esclavo. No tengas otros dioses además de mí. No te hagas ningún ídolo, ni nada que guarde semejanza con lo que hay arriba en el cielo, ni con lo que hay abajo en la tierra, ni con lo que hay en las aguas debajo de la tierra. No te inclines delante de ellos ni los adores. Yo, el Señor tu Dios, soy un Dios celoso. Cuando los padres son malvados y me odian, yo castigo a sus hijos hasta la tercera y cuarta generación. Por el contrario, cuando me aman y cumplen mis mandamientos, les muestro mi amor por mil generaciones. ÉXODO 20:2-6

Señor nuestro Dios, venimos a ti, la fuente de todo ser. Tú nos has dicho: «Yo soy el Señor tu Dios. No tengas otros dioses además de mí. A nadie más honrarás, solo a mí, tu Dios». Te agradecemos por este maravilloso mensaje. Ayúdanos a reconocerte cada vez más, para llenar nuestros corazones de la bondad y bendición que ya tenemos en la tierra, para que te escuchemos decir a ti, poderoso Dios: «Humanos, deténganse. Hagan las paces; ninguno de ustedes es más importante que el otro. Recuerden que yo soy Dios de todos, de sur y norte, de oeste y este, en los mares y en todas partes. Yo soy el único Dios, y por medio de Cristo Jesús ahora soy su Padre». Amén.

12

Noviembre

Porque ya saben que el día del Señor llegará como ladrón en la noche…. Ustedes, en cambio, hermanos, no están en la oscuridad para que ese día los sorprenda como un ladrón. Todos ustedes son hijos de la luz y del día. No somos de la noche ni de la oscuridad.

1 TESALONICENSES 5:2, 4–5

Señor nuestro Dios, nos aferramos a ti y a tu promesa. Aunque mucho esté oculto para nosotros, tu voz nos llega con claridad proclamando: «Oren y estén alertas, tienen que esperar el día del Señor Jesucristo, y desde ahora pueden regocijarse en medio de conflicto, angustia, miedo y necesidad». Te damos gracias por tu poderosa Palabra. Aunque sea larga la espera, tu Palabra permanece eternamente y se cumplirá. Tu nombre será honrado en la proclamación de tu Palabra, tu reino vendrá y tu voluntad se hará en la tierra como en el cielo. Amén.

13

Noviembre

En los días de estos reyes el Dios del cielo establecerá un reino que jamás será destruido ni entregado a otro pueblo, sino que permanecerá para siempre y hará pedazos a todos estos reinos. DANIEL 2:44

Señor nuestro Dios, te damos gracias que obras en nosotros y en nuestras vidas, que nos muestras tu compasión, sin importar la cruz que tenemos que llevar. Queremos regocijarnos en ti y esperar con paciencia, hasta que se haya cumplido tu propósito y tu reino se manifieste en la tierra. Protégenos a cada uno, que nuestros corazones encuentren fortaleza y alegría inagotables en Cristo Jesús el salvador, siempre esperando y creyendo, siempre buscándote a ti. Porque tú eres el Dios todopoderoso, que vendrá en Jesucristo para establecer al final su reino entre los pueblos y revelar su verdad en su plenitud. Entonces, el conocimiento de tu voluntad se extenderá a todas las naciones, para que el bien y el mal vengan ante ti y sean juzgados conforme a tu misericordia y fiel amor. Amén.

14

Noviembre

«Llegarán días» afirma el Señor, «en que cumpliré la promesa de bendición que hice al pueblo de Israel y a la tribu de Judá». JEREMÍAS 33:14

Señor nuestro Dios, que tu gracia reine en nuestros corazones y tu amor llegue a nosotros como realización gloriosa de tu promesa de bendición, para que en nuestro tiempo tengamos comunión unos con otros, para alabarte y adorarte. Entonces seremos un pueblo que te pertenece y recibe tu ayuda. Oramos para que bendigas tu Palabra dentro de nosotros. Enséñanos una y otra vez cómo guardar tu Palabra, cómo ser tus hijos en hechos y en verdad. Que recibamos fortaleza de corazón, siempre que experimentemos una gran aflicción. Permite que tu voluntad se revele en todas partes; permite que toda la humanidad conozca que tú reinas, que nos ayudas y estarás con nosotros por toda la eternidad. Porque has escrito nuestros nombres, y deseamos estar contigo, Padre celestial. No deseamos nada más que ser tus hijos en este mundo, ser hijos bajo tu cuidado por toda la eternidad. Amén.

Noviembre

La tierra dará entonces su fruto, y Dios, nuestro Dios,
nos bendecirá. Dios nos bendecirá, y le temerán todos los
confines de la tierra. SALMO 67:6–7

Señor nuestro Dios, bendícenos, para que el mundo
sea bendecido. Ayúdanos, para que el mundo entero
sea ayudado. Concédenos tu misericordia en Cristo
Jesús, quien dio su vida por el mundo entero. Que se
revele pronto que tu reino permanece y traerá fin a
nuestra era, un final bueno y bendito. Concédenos
tu bendición en cada aspecto de nuestras vidas, en
todas las preocupaciones y peticiones que tengamos
en nuestros corazones, y ayúdanos a alabarte y darte
gracias cada día. Permite que tu voluntad se conozca
en todas partes, a pesar de horrores y blasfemias, para
que incluso los moribundos te glorifiquen y todos los
que tienen que sufrir te alaben y te den gracias, porque
ven tu rostro y reconocen tu luz. Señor Dios, queremos
encomendar todo a ti. Te esperamos, nos regocijamos
y te agradecemos, porque sabemos que se hará tu
voluntad. Sabemos y creemos que tu nombre será
glorificado. Amén.

16

Noviembre

Ahora bien, la fe es la garantía de lo que se espera, la certeza de lo que no se ve. HEBREOS 11:1

Señor nuestro Dios, venimos a ti en comunión de fe y confianza, con la expectativa de tu intervención. Fortalece nuestros corazones en todo dolor y en todos los conflictos de nuestro mundo. Dios todopoderoso, manifiesta tu voluntad y protege a aquellos que has nombrado como nuestros líderes y gobernantes. Permite que tu voluntad sea evidente para ellos. Oh Señor Dios, ayuda a tu pueblo en estos tiempos, y dales fortaleza para aguardar con esperanza lo que es bueno, para vivir y servir con esta expectativa. Concede tu ayuda a todo aquel que se esfuerza por hacerlo. Todos nosotros podemos dar testimonio de la ayuda que proviene de ti, porque siempre nos apoyas con tu poder, también en tiempos difíciles. Amén.

17

Noviembre

¿Qué respuesta se dará a los mensajeros de esa nación? Pues que el Señor ha afirmado a Sión, y que allí se refugiarán los afligidos de su pueblo. ISAÍAS 14:32

Señor nuestro Dios, tú eres nuestro refugio. Esperamos en ti, porque tu propósito nunca fallará y tu promesa se cumplirá. Creemos esto con firmeza, y es la fuente de nuestra fortaleza cada día. Aun cuando nuestra vida pase por penas, no queremos afligirnos. Queremos esperar, creer y perseverar hasta que llegue tu día. Tu reino vendrá a la tierra y mientras tanto tú cuidas de tu pueblo. En medio de los sucesos cotidianos del mundo habrá personas que esperan en ti, que te pertenecen, y que están firmemente arraigadas en la gracia de Jesucristo hasta el cumplimiento del tiempo. Amén.

18

Noviembre

¡Alégrate mucho, hija de Sión! ¡Grita de alegría, hija de Jerusalén! Mira, tu rey viene hacia ti, justo, salvador y humilde. Viene montado en un asno, en un pollino, cría de asna. ZACARÍAS 9:9

Señor nuestro Dios, nos presentamos ante ti y nos regocijamos porque deseas ser nuestro ayudador, nuestro Padre. Vivimos una época oscura y perversa, en donde naciones enteras gimen y se lamentan. Nuestra necesidad se eleva al cielo, clamando a ti: «Ayúdanos, Señor nuestro Dios». Ayuda a que tu voluntad se haga en todas las cosas y que venga tu reino. Nuestra tarea es orar a ti en todo tiempo, clamando: «¡Oh Señor Dios, ven en Cristo Jesús, el Señor y salvador del mundo entero!». Porque de este a oeste, del sur al norte y entre todas las naciones, Cristo Jesús es el Señor y salvador. Alabado sea tu nombre por habernos dado al Señor. Amén.

Noviembre

Pero Dios escogió lo insensato del mundo para avergonzar a los sabios, y escogió lo débil del mundo para avergonzar a los poderosos. I CORINTIOS 1:27

Señor nuestro Dios, venimos ante ti pobres, pero ricos; débiles, pero fuertes; orando que tu promesa se cumpla en Cristo Jesús, nuestro amado Señor y salvador. Permite que llegue el tiempo cuando se abran los cielos y una nueva luz alumbre sobre la tierra, un tiempo cuando la gente te alabará y te dará gracias, y recibirá una paz y felicidad perpetuas. Acuérdate de muchas personas que tienen necesidad en estos días. Acuérdate de nuestra nación y de todos los que trabajan por el bien de nuestro país. Bendícelos y ayúdalos. Oh Señor nuestro Dios, ayuda a los moribundos, concede que lleguen a ti, porque son tuyos. Tu ayuda traerá vida de la muerte, alegría del dolor y la necesidad. Amado Padre que estás en el cielo, que tu nombre sea honrado, que venga tu reino y se haga tu voluntad en la tierra como en el cielo. Amén.

Noviembre

Señor, fuerza y fortaleza mía, mi refugio en el día de la angustia: desde los confines de la tierra vendrán a ti las naciones, y dirán: «Solo mentira heredaron nuestros antepasados; heredaron lo absurdo, lo que no sirve para nada». JEREMÍAS 16:19

Señor nuestro Dios, venimos a ti agobiados y arrastrados por todo tipo de necesidad y opresión, pero tú traerás luz en cada situación; en tu gran bondad y fidelidad nos seguirás ayudando; venimos a ti porque eres nuestra ayuda. Queremos recibir fortaleza de tu Palabra, para que podamos permanecer firmes en estos tiempos, esperando por tu ayuda, y encontrando certeza y alegría en nuestra esperanza. Porque tu reino viene y tu voluntad se está realizando en la tierra como en el cielo. Amén.

Noviembre

Tomen el casco de la salvación y la espada del Espíritu, que es la palabra de Dios. Oren en el Espíritu en todo momento, con peticiones y ruegos. Manténganse alerta y perseveren en oración por todos los santos.

EFESIOS 6:17–18

Señor Dios, tu poder está sobre todo el mundo, sobre los cielos y sobre la tierra, queremos encontrar fortaleza en ti, pues nos has dado miles de pruebas de que estás con nosotros, ayudándonos en todo lo que sucede. Y cuando afrontamos dificultades, con mayor razón todavía queremos encontrar fortaleza en ti, más todavía queremos esperar en ti y aguardar tu victoria. Permite que tu luz alumbre en todo, en la vida y en la muerte. Porque tuyo es el reino, el poder y la gloria por los siglos de los siglos. Amén.

22

Noviembre

Por tanto, hermanos, tengan paciencia hasta la venida del Señor. Miren cómo espera el agricultor a que la tierra dé su precioso fruto y con qué paciencia aguarda las temporadas de lluvia. SANTIAGO 5:7

Señor Jesús, escucha nuestra oración y revela tu amor en nuestros días. Que se cumplan las cosas que más acercan tu futuro y permitan que el mundo te vea como el Salvador que nos lleva al Padre. Bendice tu Palabra en nosotros. Que se fortalezcan nuestros corazones y siempre vivamos en tu presencia. Que tu Palabra sea la fuente de nuestra vida, de tu promesa, y de la esperanza que ponemos en ti, nuestro Señor y salvador. Muestra tu poder, Señor Jesús, y lleva a cabo la voluntad de Dios sobre todo el mundo, para que podamos regocijarnos cuando veamos aparecer la gloria de Dios, y cuando veamos que su voluntad se está haciendo en la tierra como en el cielo. Amén.

Noviembre

Yo soy el buen pastor. El buen pastor da su vida por las ovejas. El asalariado no es el pastor, y a él no le pertenecen las ovejas. Cuando ve que el lobo se acerca, abandona las ovejas y huye; entonces el lobo ataca al rebaño y lo dispersa. JUAN 10:11–12

Señor nuestro Dios, te damos gracias por dirigirnos con tu vara de pastor, para que una y otra vez podamos ser reanimados y nos deleitemos en lo que estás haciendo por nosotros. Te agradecemos que podemos tener una fe alegre y entusiasta, incluso cuando vienen las penas, recordando una y otra vez todo lo bueno que nos das. Estamos agradecidos y siempre queremos estar agradecidos. Te pedimos, protege nuestro país y sé el Señor poderoso de las naciones. Muestra tu soberanía guardando el rebaño junto a ti y derramando tu gracia, para dar vida a quienes están muriendo y resurrección a quienes ya han muerto. Oh Señor Dios, escúchanos y bendícenos. Que se haga tu voluntad en la tierra como en el cielo, para que irrumpa tu reino y todo salga bien, de acuerdo con tu gran propósito. Amén.

24

Noviembre

No piensen que he venido a anular la ley o los profetas;
no he venido a anularlos sino a darles cumplimiento....
Porque les digo a ustedes, que no van a entrar en el reino
de los cielos a menos que su justicia supere a la de los
fariseos y de los maestros de la ley. MATEO 5:17, 20

Oh Señor Dios, danos un corazón nuevo, enséñanos
un camino nuevo, para que por medio de tus
mandamientos todas las personas actúen conforme a
tu Palabra y lleguen a ser uno. Solo tú puedes hacerlo,
obrando por medio de tu Espíritu Santo prometido,
para que la tierra se convierta en un paraíso, un
reino celestial que te agrade. Haz que tus palabras se
escriban en nuestros corazones y ayúdanos a cumplir
tus mandamientos en nuestra vida diaria. Porque solo
al llevar a la práctica tus mandamientos nosotros, los
insensatos, necios y pecadores, podemos ser perfectos,
nuestros pecados perdonados y todo volverse justo y
bueno ante tus ojos. Quédate con nosotros, Señor Dios
y Padre nuestro. Ayúdanos en todo. Permite que algo
nuevo y agradable a ti llegue pronto en nuestro tiempo.
Pon tus mandamientos en nuestros corazones, que la
paz sea restaurada para la gloria de tu nombre. Amén.

Noviembre

¡El Señor es rey! ¡Regocíjese la tierra! ¡Alégrense las costas más remotas!... Los cielos proclaman su justicia, y todos los pueblos contemplan su gloria. SALMO 97:1, 6

Señor nuestro Dios, acudimos a ti, porque tú eres nuestra ayuda. Escucha nuestra oración, te lo rogamos; permite que nuestro clamor se eleve a ti, para que envíes tu ayuda poderosa a nuestra generación. Continúa protegiéndonos de toda maldad, muerte y destrucción. Protégenos, porque somos tus hijos, y como hijos tuyos acudimos a ti, el Dios todopoderoso, quien puede hacer que todo en su conjunto obre para bien. Ten misericordia de nosotros, oh Señor Dios. Ayúdanos por causa de tu nombre. Señor, ayúdanos, porque solo tú puedes hacer que todo tenga un buen final. Así que nos presentamos ante ti en Cristo Jesús, aferrándonos a cada palabra que nos das y sabiendo con certeza que nos escuchas. Amén.

26

Noviembre

¡Ojalá rasgaras los cielos, y descendieras! ¡Las montañas temblarían ante ti, como cuando el fuego enciende la leña y hace que hierva el agua! Así darías a conocer tu nombre entre tus enemigos, y ante ti temblarían las naciones.

ISAÍAS 64:1–2

Señor nuestro Dios, tú escuchas las oraciones y clamores de tus hijos, también en nuestros tiempos. Nosotros necesitamos clamar, por la humanidad que no se ha convertido a ti, sino que todavía vive con dolor y sometida a juicio, y miles tienen que morir o padecer cosas terribles. Cada uno de ellos debería ser tuyo, todos deberían ser tus hijos. Por eso clamamos a ti: Manifiesta y glorifica tu nombre en la tierra, para que llegue un tiempo nuevo cuando tu mano haga grandes maravillas. Que tu nombre sea honrado, que venga tu reino y se haga tu voluntad en la tierra como en el cielo. Amén.

27

Noviembre

Bueno y justo es el Señor; por eso les muestra a los pecadores el camino. Él dirige en la justicia a los humildes, y les enseña su camino. SALMO 25:8–9

Señor nuestro Dios, amado Padre que estás en el cielo, te damos gracias que podemos ser tus hijos y que nos diriges. Te agradecemos que nos guías en tiempos de aflicción y nunca nos abandonas. Ahora, como en el pasado, estás con nosotros, Señor nuestro Dios, y nos muestras el camino en cada situación. Protégenos en el tiempo presente, y concédenos la fortaleza para seguir adelante con paciencia, especialmente cuando nuestras vidas padezcan mucho sufrimiento y angustia. Te damos gracias por tu guía y nos regocijamos por tu ayuda para nuestro tiempo. Revela tu mano poderosa, porque pronto, muy pronto, tu diestra lo cambiará todo. Amén.

Noviembre

¡Estén alerta! ¡Vigilen! Porque ustedes no saben cuándo llegará ese momento. Es como cuando un hombre sale de viaje y deja su casa al cuidado de sus siervos, cada uno con su tarea, y le manda al portero que vigile. Por lo tanto, manténganse despiertos, porque no saben cuándo volverá el dueño de la casa, si al atardecer, o a la medianoche, o al canto del gallo, o al amanecer; no sea que venga de repente y los encuentre dormidos. Lo que les digo a ustedes, se lo digo a todos: ¡Manténganse despiertos! MARCOS 13:33–37

Señor Jesús, nuestro salvador, alzamos la mirada al cielo, pues tú vendrás del cielo en la gloria del Padre. Que permanezcamos fieles a nuestro llamado, velando y orando cada día y cada hora, esperando por ti, quien pondrá en orden todo en el mundo. Bendícenos y bendice nuestro país. Concédenos la alegría de ver tu obra para la salvación de las naciones a través de tus siervos. Sé con nosotros y bendícenos. Que tu Palabra viva obre en nuestros corazones para que cada domingo, cada festividad, y todos los días desde hoy en adelante sean días de alegría. Protégenos y bendícenos. ¡Alabado sea tu nombre en nuestros corazones! Amén.

Noviembre

Les aseguro que el que cree en mí también hará las obras que yo hago y aun las hará mayores, porque yo vuelvo al Padre.   JUAN 14:12

Señor nuestro Dios, te llamamos: «¡Abba, Padre amado!» Porque tu Espíritu nos lleva al Salvador, que es Cristo Jesús, y a su evangelio. Te llamamos porque pertenecemos a tu reino. Danos la fortaleza para permanecer firmes durante todos los problemas de nuestra vida. Que tu mano permanezca sobre nosotros y sobre las naciones en guerra. Tu mano dirige y lleva a cabo los pensamientos de tu corazón. Que llegue pronto el tiempo cuando harás que todo se cumpla y darás paz a la tierra. Alabamos tu nombre con expectación, porque traerás este tiempo y lo harás pronto. Porque tu reino debe venir, tu voluntad debe cumplirse en la tierra como en el cielo, y todo debe suceder de acuerdo con tu plan. Amén.

Noviembre

¡Aclamen alegres a Dios, habitantes de toda la tierra! Canten salmos a su glorioso nombre; ¡ríndanle gloriosas alabanzas!… ¡Vengan y vean las proezas de Dios, sus obras portentosas en nuestro favor! SALMO 66:1–2, 5

Señor nuestro Dios, que se hagan tus milagros entre nosotros y bendícenos por medio de tus obras. Bendícenos en Cristo Jesús, el salvador de tantas personas. Que tu reino venga hacia nosotros, y traiga por fin los grandes milagros que cumplen tu voluntad, y que se haga lo que te agrada. ¡Señor Dios, Padre celestial, te alabamos! En ti vivimos, en ti creemos, en ti esperamos, en ti queremos vivir día tras día y hora tras hora. Que tu nombre sea honrado entre nosotros, porque eres nuestro Dios, y el Dios del mundo entero. Permite que tu luz alumbre en todas las naciones, para que naciones enteras y muchos millones de personas glorifiquen tu nombre, porque en los últimos días las naciones vendrán y te adorarán. Así que protégenos y bendícenos hoy y en el tiempo venidero, y permite que una y otra vez suceda algo que nos de fortaleza y vida nueva. Amén.

Diciembre

I

Diciembre

Digan a la hija de Sión: «Mira, tu rey viene hacia ti, humilde y montado en un burro, en un burrito, cría de una bestia de carga».... Tanto la gente que iba delante de él como la que iba detrás, gritaba: «¡Hosanna al Hijo de David!» «¡Bendito el que viene en el nombre del Señor!» «¡Hosanna en las alturas!» MATEO 21:5, 9

Señor nuestro Dios, te damos gracias por permitir que de los corazones de la gente se eleven hosannas, y por permitirnos clamar a ti, aún con mayor fervor en tiempos tenebrosos. Ayúdanos, oh Dios todopoderoso, y ayuda a tu rey, Jesucristo, en su victoria final. Porque él será vencedor, trayendo gracia, paz, victoria y vida a todo lo que es bueno en la tierra como en el cielo. Él será vencedor en todo momento de nuestras vidas, y nos permitirá mantener la fe en medio de problemas, temores y necesidades, sí, incluso en la muerte. ¡Hosanna al victorioso, Cristo Jesús, el vencedor que has elegido! Oh Dios todopoderoso, proclámalo en la tierra. Haz que todas las naciones sepan que él viene en camino, para la gloria de tu nombre. Amén.

2

Diciembre

Este es el día en que el Señor actuó; regocijémonos y alegrémonos en él. Señor, ¡danos la salvación! Señor, ¡concédenos la victoria! Bendito el que viene en el nombre del Señor. Desde la casa del Señor los bendecimos.

SALMO 118:24–26

Señor Dios, nuestros corazones están llenos de alabanza y agradecimiento por tu promesa. Tú nos consuelas y ayudas cada día con esta promesa, haciendo que permanezcamos fieles en medio de toda angustia. Acuérdate de nosotros en estos tiempos, y permite que el clamor: «Hosanna», surja a menudo en nuestros corazones. Permite que una luz resplandeciente alumbre hoy como alguna vez dejaste que alumbrara alrededor del Señor Jesús, mostrándolo a él como rey y salvador. Protégenos y bendícenos; bendice a nuestro país y a todos los que son designados para gobernar. Que tu Espíritu esté con ellos, para que lleven a cabo tu voluntad. Porque tu voluntad se debe hacer y ciertamente se cumplirá. En esto confiamos y tenemos esperanza. Te alabamos, oh Señor nuestro Dios. ¡Hosanna! ¡Hosanna en las alturas! Amén.

3

Diciembre

Y tú, hijito mío, serás llamado profeta del Altísimo, porque irás delante del Señor para prepararle el camino. Darás a conocer a su pueblo la salvación mediante el perdón de sus pecados, gracias a la entrañable misericordia de nuestro Dios. Así nos visitará desde el cielo el sol naciente, para dar luz a los que viven en tinieblas, en la más terrible oscuridad, para guiar nuestros pasos por la senda de la paz. LUCAS 1:76-79

Señor nuestro Dios, te damos gracias por permitir que tu luz alumbre cada día y cada año. Te agradecemos porque siempre podemos acudir a ti, que con tu diestra pondrás todo en orden y establecerás bien todas las cosas, incluso en tiempos difíciles. Que nuestros corazones reciban fortaleza para perseverar y continuar alabándote, pues tú permaneces, sin importar lo que sucede en la tierra. Tú eres nuestro Dios, nos has enviado el Salvador, y nosotros podemos acercarnos a ti. Nos has hecho la firme promesa que tu día ya viene, cuando la justicia y la verdad se manifestarán sobre la tierra, para gloria de tu nombre. Que los corazones de muchas personas se vuelvan a ti, para que te adoren y te pidan ayuda, para la gloria de nuestro salvador Jesucristo. Amén.

4

Diciembre

Ya que has guardado mi mandato de ser constante, yo por mi parte te guardaré de la hora de tentación, que vendrá sobre el mundo entero para poner a prueba a los que viven en la tierra. Vengo pronto. Aférrate a lo que tienes, para que nadie te quite la corona.

APOCALIPSIS 3:10–11

Señor nuestro Dios, fortalece nuestros corazones hoy por medio de tu Palabra. Tú eres nuestro Padre y nosotros somos tus hijos, y deseamos confiar en ti en cada aspecto de nuestras vidas. Protégenos en todos nuestros caminos, y concédenos siempre velar y esperar la venida de tu reino, por el futuro de nuestro Señor Jesucristo. Cuídanos de quedar confundidos por los eventos actuales. Ayúdanos a permanecer libres, que podamos servirte y no desviarnos por el mal camino, sin importar lo que pase en el mundo. Concédenos tu Espíritu Santo en todo, porque sin tu Espíritu nada podemos hacer. Ayúdanos, y acepta nuestra alabanza por las tantas maneras en que nos has ayudado. Amén.

5

Diciembre

Entonces se dará a los santos, que son el pueblo del Altísimo, la majestad y el poder y la grandeza de los reinos. Su reino será un reino eterno, y lo adorarán y obedecerán todos los gobernantes de la tierra.

DANIEL 7:27

Señor nuestro Dios, Padre amado, tú te has dado a conocer en la tierra, para que nosotros te amemos y seamos amados por ti. Oramos para que nos des tu Espíritu, danos tu Espíritu para fortalecer nuestras vidas y la obra que nos ofreces. Guárdanos en todos nuestros caminos. Dondequiera que tus hijos suspiran y te llaman, protégelos y guíalos con tu mano poderosa. Permite que tu reino se extienda sobre el mundo entero, sobre toda la humanidad, sobre todas las razas y naciones, para que estemos unidos en tu honor como siervos de Jesucristo. Amén.

6

Diciembre

El Espíritu y la novia dicen: «¡Ven!»; y el que escuche diga: «¡Ven!» El que tenga sed, venga; y el que quiera, tome gratuitamente del agua de la vida.

APOCALIPSIS 22:17

Señor nuestro Dios y Padre que estás en el cielo, sé con nosotros y permite que tu rostro resplandezca sobre nosotros, porque somos tus hijos. En medio de toda la planificación humana, somos tus hijos quienes te buscan solo a ti, quienes buscan tu voluntad, tu reino, y todo lo que has prometido a la humanidad. Llena nuestros pensamientos y sentimientos con tu poder, para que nuestras vidas en la tierra te pertenezcan, para que pongamos —con nuestra plena voluntad— todo lo que somos y tenemos en tus manos. Porque queremos ser tus hijos, y tener una voluntad contigo, Dios todopoderoso. Deseamos tu reino, oh Señor nuestro Dios, esta es nuestra voluntad y también la tuya. Por tanto, se realizará para la gloria de tu nombre. Amén.

Diciembre

En los últimos días, el monte del templo del Señor será puesto sobre la cumbre de las montañas y elevado por encima de las colinas. Entonces los pueblos marcharán hacia ella, y muchas naciones se acercarán, diciendo: «Vengan, subamos al monte del Señor, a la casa del Dios de Jacob. Dios mismo nos instruirá en sus caminos, y así andaremos en sus sendas». Porque de Sión viene la instrucción; de Jerusalén, la palabra del Señor.

MIQUEAS 4:1−2

Señor nuestro Dios, nos reunimos en tu presencia, provenientes de este mundo tan lleno de sufrimiento, dolor y desgracia, donde bien podríamos tener miedo. Pero nosotros no dependemos de este mundo, podemos venir a ti, el Dios todopoderoso. Tú eres nuestro Padre, y no importa lo que pase, seguiremos siendo tus hijos y recibiendo tu bendición. Por eso, protégenos en este tiempo presente. Incluso cuando un diluvio de maldad parece caer sobre nosotros y se afligen nuestros corazones, tú nos sostendrás. Nos fortalecerás para que podamos soportar con paciencia este tiempo, esperando en ti y en lo que haces por toda persona, quienes son tu pueblo igual que nosotros. Que la alabanza de tu nombre esté en nuestros corazones para siempre y por la eternidad. Amén.

8

Diciembre

¿Acaso Dios no hará justicia a sus escogidos, que claman a él día y noche? ¿Se tardará mucho en responderles? Les digo que sí les hará justicia, y sin demora. No obstante, cuando venga el Hijo del hombre, ¿encontrará fe en la tierra?
LUCAS 18:7−8

Padre que estás en el cielo, nos rendimos a tu amor, el mismo amor con el que Cristo viene a nosotros. Como niños decimos todos los días al mismo Señor Jesús: «¡Señor Jesús, ven, ven! Aunque hoy no podemos verte, porque los tiempos han cambiado, ven al mundo, ven más y más en la historia del mundo. Envía cada vez más de tu naturaleza y bondad, a todo corazón humano. Ven finalmente, ven pronto para poner fin al adversario, para poner fin al poder del mundo, con su carácter siniestro y hostil. ¡Señor Jesús, que por medio de ti amanezca un día radiante con luz cristalina del Padre celestial! ¡Sí, ven, Señor Jesús!». Amén.

9

Diciembre

Pero si desde allí buscas al Señor tu Dios con todo tu corazón y con toda tu alma, lo encontrarás.

DEUTERONOMIO 4:29

Señor nuestro Dios, buscamos tu rostro y anhelamos encontrarte. Que podamos encontrarte como tu pueblo te encontró en el pasado, cuando te acercaste con muchas señales y milagros. Que nuestros corazones vengan delante de ti con temor reverencial y confianza y reciban de ti su fortaleza. Que muchos en nuestro tiempo te busquen y reciban tu consuelo y ayuda, porque tú das valor y fortaleza a los pobres y desposeídos, a los que sufren y a los que agonizan. No permitas que nuestra era pase en vano, oh gran Dios todopoderoso. Con seguridad viene un nuevo tiempo, un nuevo día debe nacer en la era actual. Esta es tu voluntad y en tu voluntad confiamos. Amén.

Diciembre

Pero para ustedes que temen mi nombre, se levantará el sol de justicia trayendo en sus rayos salud. Y ustedes saldrán saltando como becerros recién alimentados.

MALAQUÍAS 4:2

Señor nuestro Dios, pensamos en todas las personas que han confiado en ti. Recordamos todas las señales y maravillas que has mostrado para manifestar tu nombre entre nosotros. Pertenecemos a los que hoy se aferran a ti, que nuestros corazones se mantengan fieles por medio de tu Espíritu. Aunque haya grandes dificultades en nuestro tiempo, y todo parezca estar al borde del colapso, incluso si el mundo perece, tú, oh Dios, eres nuestra fortaleza. Esta verdad permanece para siempre. En ti queremos mantenernos fieles hasta que llegue tu gran día, hasta que el poder del Salvador se revele en muchas personas, para que en su sufrimiento puedan creer, encontrar ayuda y consuelo. Amén.

II

Diciembre

Cuídame, oh Dios, porque en ti busco refugio. Yo le he dicho al Señor: «Mi Señor eres tú. Fuera de ti, no poseo bien alguno». SALMO 16:1–2

Amado Padre que estás en el cielo, míranos como tus hijos, y concede que podamos sentir en ti el bien supremo por todo el tiempo y la eternidad. Aun si tenemos que negarnos a nosotros mismos y hacer grandes sacrificios, tú sigues siendo nuestro tesoro, nuestra riqueza, nuestro amor y nuestra alegría. Danos fortaleza como un pueblo reunido y listo para servirte. Concédenos tu Espíritu cada vez que no entendamos lo que debemos hacer. Abríganos siempre con tu manos, y permítenos ver tus milagros en cuerpos y almas. Porque tú eres nuestro Dios, el Todopoderoso, y tú encuentras la manera de ayudarnos en todo. Amén.

Diciembre

Vino a lo que era suyo, pero los suyos no lo recibieron. Mas a cuantos lo recibieron, a los que creen en su nombre, les dio el derecho de ser hijos de Dios. JUAN 1:11–12

Señor nuestro Dios, te damos gracias por permitirnos ser llamados tus hijos. Te agradecemos por darnos el poder para convertirnos más fielmente en tus hijos, para que exista un testimonio de tu nombre sobre la tierra, para que una y otra vez, en nombre de Cristo Jesús, llegue nuevo poder para cuerpos y almas, para felices y desdichados, para todos los que todavía están siguiendo caminos falsos, para todos los que sufren tanta aflicción, miedo y necesidad. Te damos gracias y alabamos tu nombre. Ayúdanos en nuestro camino; ayúdanos, que somos débiles y a menudo tenemos miedo y ansiedad. Ayúdanos en todo, especialmente con la preocupación más profunda que tenemos en nuestros corazones: que tu nombre sea honrado, que venga tu reino y que se haga tu voluntad en la tierra como en el cielo. Amén.

13

Diciembre

Les daré un nuevo corazón, y les infundiré un espíritu nuevo; les quitaré ese corazón de piedra que ahora tienen, y les pondré un corazón de carne. Infundiré mi Espíritu en ustedes, y haré que sigan mis preceptos y obedezcan mis leyes. EZEQUIEL 36:26–27

Señor nuestro Dios, que despierten nuestras vidas, porque tú envías tu Espíritu para soplar a través del cielo y la tierra, para remover todo a la vida. Anhelamos la incitación de tu Espíritu. No permitas que seamos dominados por la maldad y el pecado, sino que nazcamos de nuevo para ser guerreros por el bien supremo en la tierra, que lleva al cielo. Escucha las oraciones de todos los pueblos, lejos y cerca, quienes suspiran por el Salvador. Oramos por todos ellos, como también por nosotros, y tú escucharás nuestra oración. Tú enviarás poder para levantar sus almas y corazones, para que haya una gran multitud de tu pueblo alegre en la tierra. A pesar de toda la desgracia, adversidad y peligro en el mundo, habrá un pueblo regocijándose de un extremo de la tierra al otro, un pueblo confiando en ti y seguro de la victoria por medio de la gracia suprema que tú das en respuesta a nuestras oraciones. Amén.

14

Diciembre

Jesucristo es el mismo ayer y hoy y por los siglos.

HEBREOS 13:8

Gracias, Padre que estás en el cielo, por reunirnos y abrirnos una puerta en la que pueden entrar todos los que sean como niños. Tú abres la puerta a todo aquel que confía en que estás llevando a cabo tu propósito, que, en medio de la ruina y el pecado en la historia del mundo, la vida continúa, la vida de nuestro Señor Jesucristo, vida para todo el mundo. Nadie puede destruir esta vida, que pronto cobrará fuerza hasta que todos los pueblos lo vean, a Cristo Jesús, quien por la salvación de la humanidad es el mismo ayer, hoy y por todos los siglos. Amén.

15

Diciembre

Una voz proclama: «Preparen en el desierto un camino para el Señor; enderecen en la estepa un sendero para nuestro Dios. Que se levanten todos los valles, y se allanen todos los montes y colinas; que el terreno escabroso se nivele y se alisen las quebradas». ISAÍAS 40:3–4

Señor nuestro Dios, abre nuestros oídos y nuestros corazones, para que te escuchemos hablar y podamos seguir la voz que nos está clamando. Que seamos un pueblo que prepare el camino para ti. Concede a cada uno de nosotros la fortaleza para renunciar a todo y darnos cuenta de que: «El camino de mi corazón también debe ser allanado». La luz ahora nos está alumbrando en Cristo Jesús, y cuando escuchemos su voz encontraremos fortaleza y ayuda. La ayuda estará muy cerca de nosotros, y la poderosa mano del Señor Jesús estará con nosotros en cada necesidad. Para esto vino; podemos creer en su ayuda y la anhelamos. Escucha el anhelo más íntimo de cada uno de nosotros, y haz que seamos parte de tu pueblo, para que podamos mantener la esperanza en nuestros corazones y servirte en la tierra. Alabado sea tu nombre, oh Padre celestial, que nos has puesto en la tierra y nosotros podemos recibir fortaleza del único que lucha y es victorioso: Jesucristo. Amén.

Diciembre

El Señor omnipotente me ha concedido tener una lengua instruida, para sostener con mi palabra al fatigado. Todas las mañanas me despierta, y también me despierta el oído, para que escuche como los discípulos.

ISAÍAS 50:4

Señor nuestro Dios, te damos gracias por darnos la tarea de servirte en el nombre de tu siervo, Jesucristo, por permitirnos a cada uno participar en la realización de tu voluntad. Haz que nos mantengamos fieles en este servicio. Queremos ser fieles, escucharte siempre, porque tú abres nuestros oídos y nos ayudas a conocer tu voluntad y responder a ella. Sé con nosotros en estos días. Fortalece tu amor y compasión en todos los corazones. Que la vida de Cristo Jesús cobre cada vez mayor poder en todos los pueblos de la tierra. Amén.

Diciembre

Esta vida se manifestó. Nosotros la hemos visto y damos testimonio de ella, y les anunciamos a ustedes la vida eterna que estaba con el Padre y que se nos ha manifestado.   1 JUAN 1:2

Señor nuestro Dios, te damos gracias por darnos la luz de la vida, porque ahora podemos aprender cómo vivir, y, por medio de tu maravillosa gracia, entender la vida en relación directa con el Señor Jesús, quien fue crucificado y resucitó de la muerte. Concede que el poder de Cristo se haga visible en nosotros. Concede que su vida se convierta en nuestra vida, que dejemos atrás toda duda y ansiedad, aunque a menudo estemos rodeados de oscuridad y noche. Guárdanos en tu Palabra. Permite que tu voluntad prevalezca sobre todo el mundo, porque tu voluntad debe hacerse en el cielo, en la tierra, y debajo de la tierra, hasta lo más profundo. Permite que se haga tu voluntad en la tierra como en todos los cielos. Amén.

Diciembre

A ti, oh Dios de Sión, te pertenece la alabanza. A ti se te deben cumplir los votos, porque escuchas la oración. A ti acude todo mortal. SALMO 65:1–2

Señor nuestro Dios y Padre, del silencio reverente proviene la alabanza debida a ti, oh Dios de Sión. Es justo que nosotros te alabemos y cumplamos nuestras promesas contigo. De todas partes vendrán personas a ti, porque respondes a la oración. Protégenos a tus hijos en la misión que nos has dado. Vela sobre nosotros, para que podamos servirte rectamente y recibir de ti los dones que necesitamos para avanzar hacia tu reino y dar testimonio de tu nombre. Ayúdanos en cada paso del camino. Que nuestras vidas se encomienden en tus manos, y que siempre encontremos nuestra fortaleza en ti, nuestro Dios y salvador. Amén.

19

Diciembre

Cuando el Señor hizo volver a Sión a los cautivos, nos parecía estar soñando. Nuestra boca se llenó de risas; nuestra lengua, de canciones jubilosas. Hasta los otros pueblos decían: «El Señor ha hecho grandes cosas por ellos». Sí, el Señor ha hecho grandes cosas por nosotros, y eso nos llena de alegría. SALMO 126:1–3

Amado Padre que estás en el cielo, esperamos en ti y en tu promesa, que guardamos en nuestros corazones como nuestro tesoro más preciado. Protégenos cuando aumenten los tiempos difíciles. Que venga tu Espíritu, que tu Espíritu revele constantemente tu Palabra e imparta en muchos corazones tu promesa, para que la compartan en esperanza, fe y lucha por el gran día. Ese día se nos permitirá regocijarnos y estar jubilosos con toda persona, porque tu salvación llega al mundo entero. Amén.

Diciembre

Este es de quien está escrito: «Yo estoy por enviar a mi mensajero delante de ti, el cual preparará tu camino».

MATEO 11:10

Señor nuestro Dios, gracias por llevarnos a un día glorioso. Permite que los rayos de tu gracia, la gracia de Jesucristo, alumbren nuestros corazones para nacer verdaderamente del Espíritu y servirte en todo momento como tus hijos, también cuando vengan días difíciles. Por medio de tu poder y revelación, libéranos de todas las cosas terrenales. Libéranos de preocupaciones y de placeres. Oh Señor Dios, somos tus hijos. Nuestro Padre que estás en el cielo, venimos ante ti, y nos aceptarás, para que seamos un pueblo que prepare el camino para ti. Que todas las palabras que pronuncias sean de bendición para nosotros y nos hagan felices en la expectación del día de Jesucristo, que ha comenzado con gloria y poder, y traerá aún más gloria y poder cuando todo se haya cumplido, de acuerdo con tu decreto misericordioso y perfecto. Oh Dios, tus hijos suplican: «Acéptanos, escúchanos; pon tu ardiente luz en nuestros corazones para la venida de tu grandioso día». Amén.

Diciembre

Él recibió honor y gloria de parte de Dios el Padre, cuando desde la majestuosa gloria se le dirigió aquella voz que dijo: «Este es mi Hijo amado; estoy muy complacido con él». Nosotros mismos oímos esa voz que vino del cielo cuando estábamos con él en el monte santo.

2 PEDRO 1:17-18

Señor Jesucristo, a ti levantamos nuestros ojos, porque nos has librado de nuestro mundo de muerte, para vivir en la gloria de vida; y nos ofreces tu vida en la tierra. Permite que el poder de tu vida se revele hoy en nosotros y en muchos otros que desean celebrar la Navidad. Envía tu Espíritu, para que cambien nuestros corazones y podamos escuchar, ver, experimentar y comprender lo que tú y tu don de vida eterna significan realmente para nosotros. Por ello, cuida de nosotros en estos días y fortalece nuestra fe. Derrama la luz de tu gracia en nuestro interior y sobre nosotros. Protégenos como tus discípulos. Guíanos en comunión con nuestro Padre celestial y en comunión contigo por toda la eternidad, oh Cristo Jesús. Amén.

Diciembre

Alégrense siempre en el Señor. Insisto: ¡Alégrense! Que su amabilidad sea evidente a todos. El Señor está cerca. No se inquieten por nada; más bien, en toda ocasión, con oración y ruego, presenten sus peticiones a Dios y denle gracias. Y la paz de Dios, que sobrepasa todo entendimiento, cuidará sus corazones y sus pensamientos en Cristo Jesús. FILIPENSES 4:4–7

Amado Padre que estás en el cielo, permite que tu alegría siempre esté con nosotros, tus hijos. Permite que tu alegría nos traiga luz y paz a nuestras vidas, sin que importe lo que sucede a nuestro alrededor. Que te sirvamos con alegría, conscientes de tu paz en todo momento, para que algo de esa paz salga de nosotros hacia los corazones afligidos y a las regiones del mundo que están en tinieblas. Padre celestial, ¡cuántas personas infelices buscan ayuda sin saber dónde encontrarla! Pero tú vendrás a ellos. Te suplicamos estar con los que lloran, y permíteles encontrar alegría y confianza para su redención en Jesucristo. Amén.

Que nuestro Señor Jesucristo mismo y Dios nuestro Padre, que nos amó y por su gracia nos dio consuelo eterno y una buena esperanza, los anime y les fortalezca el corazón, para que tanto en palabra como en obra hagan todo lo que sea bueno. 2 TESALONICENSES 2:16-17

Señor nuestro Dios, nuestro Padre en el cielo y nuestro Padre en la tierra, nuestro Señor y soberano, te damos gracias porque hasta el día de hoy nos has guardado, guiado y liberado de gran necesidad. Te alabamos con corazones llenos de esperanza mientras continuamos nuestro peregrinaje. Porque se acerca el día de Navidad, con su mensaje de esperanza, en el que te honramos a ti de alguna manera, a pesar de todos los obstáculos, errores y pecados, a pesar de toda muerte y el horror de la agonía. Sabemos que tú nos guardas en tus manos. Con tu ayuda podemos mirar hacia el futuro, y podemos dar una y otra vez un pequeño paso adelante y vivir para alabar y honrar tu nombre. Por eso, sé con nosotros hoy y bendícenos. Amén.

Diciembre

Pero el ángel les dijo: «No tengan miedo. Miren que les traigo buenas noticias que serán motivo de mucha alegría para todo el pueblo. Hoy les ha nacido en la ciudad de David un Salvador, que es Cristo el Señor».... De repente apareció una multitud de ángeles del cielo, que alababan a Dios y decían: «Gloria a Dios en las alturas, y en la tierra paz a los que gozan de su buena voluntad».

LUCAS 2:10–11, 13–14

Señor Dios, nuestro Padre que estás en el cielo, tú nos has enviado al Salvador, quien ha nacido para traer gran alegría a todos los pueblos. Oramos que tu nombre sea glorificado. Dale al mundo la paz que solo tú puedes dar, una paz que fluya en nuestros corazones. Permite que tu favor descanse sobre nosotros, para que podamos aguantar nuestros sufrimientos en la tierra. Necesitamos tu amorosa ayuda para permanecer firmes por dentro, hasta que todo el mundo pueda ser alcanzado por el mensaje: «Se fuerte en la gracia de Cristo Jesús». Amén.

25

Diciembre

Porque nos ha nacido un niño, se nos ha concedido un hijo; la soberanía reposará sobre sus hombros, y se le darán estos nombres: Consejero admirable, Dios fuerte, Padre eterno, Príncipe de paz. ISAÍAS 9:6

Señor nuestro Dios, tú has enviado luz para que alumbre en la tierra y has revelado tu poder celestial en Cristo Jesús, para que a pesar de toda oscuridad y maldad, nos regocijemos porque tenemos un salvador. Revela tu poder en nuestros días. Haz que se realice algo nuevo hacia la construcción de tu reino en la tierra. Acerca todos los corazones y dales luz, para que puedan agradecerte y alabarte por todo lo que has hecho y estás haciendo para poner al mundo entero en tu manos. Oh Señor Dios, permite que la gente cambie cuando se abran los cielos, que sus corazones despierten y sus tristezas den lugar a la alegría en Cristo Jesús, el salvador. Nosotros, tus hijos, aguardamos con expectación para que pongas todo en orden. Sabemos que aun en estos tiempos turbulentos tu mano está obrando para revelar tu intención en todas las generaciones, como prometiste por medio de Abraham. Que tu nombre sea honrado, que venga tu reino y que se haga tu voluntad en la tierra como en el cielo. Amén.

Diciembre

Porque tanto amó Dios al mundo, que dio a su Hijo unigénito, para que todo el que cree en él no se pierda, sino que tenga vida eterna.   JUAN 3:16

Señor nuestro Dios, nuestra luz y nuestra vida, en nuestro anhelo de vivir en tu Palabra levantamos nuestra mirada hacia ti. Haz que tu Palabra entre en nuestros corazones. Permite que tu Palabra nos ayude a entender nuestras vidas y nuestro tiempo, para que podamos reconocer que lo diriges todo y nos llenemos de valor cada día, a pesar de nuestras fallas, debilidades y pecados. Nosotros todavía podemos encontrar alegría porque ya viene tu reino; podemos sentir que estás entre nosotros, por muy grande que sea la angustia de estos tiempos. Haz que la luz de Cristo Jesús alumbre; que tu Espíritu de gracia y paz llegue a todas las naciones, para que se haga tu voluntad. Libera a las personas de toda su confusión; libéralos de sus ataduras. Hazlos libres para lo que es bueno, verdadero y eterno. Que tu nombre sea alabado entre nosotros hoy y eternamente. Amén.

27

Diciembre

Bendito sea el Señor, Dios de Israel, porque ha venido a redimir a su pueblo. Nos envió un poderoso salvador en la casa de David su siervo.   <small>LUCAS 1:68–69</small>

Señor nuestro Dios, amado Padre que estás en el cielo, venimos ante tu presencia a pedirte que te reveles a nosotros como el Dios todopoderoso, grande y verdadero, quien puede derramar luz sobre nuestro sufrimiento y cambiarlo todo, y nos permite encontrar reconciliación y redención en Jesucristo. Protégenos y ayúdanos con tu mano poderosa. Permite que cada país y cada pueblo vea tu gracia y vea la victoria sobre todo pecado e injusticia. Haz que tu justicia venga a la tierra y que la paz llene cada corazón, y lo muestren en cada vida. Que todo lo que nos sucede sirva para bien. Ayúdanos a esperar siempre en ti, nuestro Señor y Dios, porque tienes el poder para dirigir y convertir todo para su buen propósito. Amén.

28

Diciembre

Pero cuando se cumplió el plazo, Dios envió a su Hijo, nacido de una mujer, nacido bajo la ley, para rescatar a los que estaban bajo la ley, a fin de que fuéramos adoptados como hijos.   GÁLATAS 4:4–5

Oh Señor Dios, te damos gracias por todo lo que nos permites ver y oír. Que nuestros corazones despierten y vivan por todo lo que recibimos, para aguardar tu revelación final y reconocer tu voluntad definitiva para todos los pueblos, razas y naciones de la tierra. Escúchanos en estos días, porque sabemos que ya viene tu reino. Tu reino está ante nuestros ojos. Tu Palabra, tu ayuda, está llegando, y la luz de Jesucristo amanecerá para todo el mundo. ¡Alabanza y honra a ti por todo lo que haces! Que nuestros ojos lo vean todo, para que nuestra expectación de los últimos días sea una expectación viva, llena de gozo y bendición. Queremos esperar con alegría, con amor y anhelo por el día que viene para tu gloria. Amén.

Diciembre

¡Aleluya! ¡Alabado sea el Señor! Den gracias al Señor, porque él es bueno; su gran amor perdura para siempre.

SALMO 106:1

Amado Padre que estás en el cielo, tu poder está sobre toda la tierra, te damos gracias por todo el amor que nos muestras. También te agradecemos por todo lo que nos parece difícil, pero que tú lo cambias en ayuda y fortaleza. Queremos agradecerte en vida y en muerte, en alegría y en tristeza, porque tú eres el grande y poderoso Dios, quien nos llama y conduce una y otra vez a una vida más plena. Nos has dado gran amor en Jesucristo, nuestro salvador. Él siempre estará ante nuestros ojos y permanecerá en nuestros corazones. Por medio de él podemos clamar de alegría: «¡Abba, Padre amado!». Amén.

Diciembre

Entonces dijo María: «Mi alma glorifica al Señor, y mi espíritu se regocija en Dios mi salvador, porque se ha dignado fijarse en su humilde sierva. Desde ahora me llamarán dichosa todas las generaciones, porque el Poderoso ha hecho grandes cosas por mí. ¡Santo es su nombre!» LUCAS 1:46–49

Oh Señor Dios, con júbilo nuestros corazones se dirigen hacia ti y a tu revelación celestial, tu revelación del Espíritu, que puede llenar nuestros corazones, para permanecer firmes a lo largo de nuestra vida terrenal. Todavía hay tinieblas en la tierra; el pecado y la muerte mantienen su dominio, pero nosotros resistimos sin miedo y buscamos el arrepentimiento. A pesar de todos nuestros fracasos, acudimos a ti porque sabemos que eres nuestro salvador. Tú nos envías a Jesucristo en tu propia gloria. El mundo se llenará de luz. Por doquier en el mundo, incluso entre quienes no te conocen, los sinceros de corazón reconocerán que tú, Padre de Cristo Jesús y Padre nuestro, eres Dios del mundo entero. Tú mostrarás tu gloria a todas las naciones para que se acerquen a ti, te adoren y caminen en la luz, para la gloria eterna de tu nombre. Amén.

Diciembre

En el principio tú afirmaste la tierra, y los cielos son la obra de tus manos. Ellos perecerán, pero tú permaneces. Todos ellos se desgastarán como un vestido. Y como ropa los cambiarás, y los dejarás de lado. Pero tú eres siempre el mismo, y tus años no tienen fin. SALMO 102:25–27

Señor nuestro Dios, gracias por dejar que tu luz alumbre cada día de cada año. Gracias porque siempre podemos levantar nuestra mirada a ti, que con tu diestra pondrás todo en verdadero orden, incluso en tiempos difíciles. Dale a nuestros corazones la fortaleza para ser fieles en esta época; la fortaleza para glorificarte. Porque tú permaneces, sin importar lo que pase en la tierra. Tú eres nuestro Dios. Tú nos has enviado al Salvador y podemos acercarnos a ti. Tu promesa hacia nosotros se mantiene firme, la promesa de que vendrá tu día con su justicia y verdad, para el honor de tu nombre. Que muchas personas vuelvan sus corazones a ti; que te adoren y te pidan ayuda, para la gloria de nuestro salvador Jesucristo. Amén.

Sobre el autor

Christoph Friedrich Blumhardt (1842–1919) influyó en una generación de teólogos, incluso Dietrich Bonhoeffer, Emil Brunner, Oscar Cullman y Karl Barth, así como en miles de personas desconocidas que acudieron al spa donde él trabajaba como pastor, desde todas partes de Europa, buscando plenitud y sanación espiritual. Sin embargo, es solo en el siglo XXI que su visión conmovedora ha estado accesible para los hispanohablantes.

La idea central de Blumhardt puede describirse como la «expectación activa», o sea, la fe en que el reino de Dios no es una esperanza en el remoto más allá, sino un poder presente que puede transformar el mundo aquí y ahora.

Otros libros de Plough

El Dios que sana
*Palabras de esperanza para tiempos de
enfermedad y sufrimiento*
**Johann Christoph Blumhardt
Christoph Friedrich Blumhardt**

La violencia del amor
Óscar Romero

Discipulado
Vivir para Cristo en la vida cotidiana
Johann Heinrich Arnold

La irrupción del reino de Dios
Escritos esenciales de Eberhard Arnold
Eberhard Arnold

Convivencia radical
Espiritualidad para el siglo 21
John Driver

Un camino gozoso
Mi vida en comunidad
Emmy Arnold